学前教育专业新形态系列教材

幼儿数学教育
活动设计与指导

张丹 郝风伦 ◎ 主编

寻斐斐 刘贵森 李勇 ◎ 副主编

人民邮电出版社

北 京

图书在版编目（CIP）数据

幼儿数学教育活动设计与指导 / 张丹，郝风伦主编
. -- 北京：人民邮电出版社，2022.5
学前教育专业新形态系列教材
ISBN 978-7-115-58610-0

Ⅰ．①幼… Ⅱ．①张… ②郝… Ⅲ．①学前教育－数
学课－高等学校－教材 Ⅳ．①G613.4

中国版本图书馆CIP数据核字(2022)第019725号

内 容 提 要

本书主要内容包括幼儿数学教育概述、幼儿数学教育活动设计、幼儿教具与幼儿园自制教具3部分理论知识介绍，还包括幼儿数字学习、幼儿算术学习、幼儿平面图形认知学习、幼儿立体图形认知学习、幼儿时间认知学习、幼儿思维能力训练6部分的实践内容，并介绍了硬笔书法和粉笔字的书写技能。

本书突破陈旧、大胆创新、实用性强，综合考虑了幼儿自身的特点及幼小衔接等内容，顺应时代潮流，有效贴合课堂教学的实际需求。本书可作为高等院校学前教育专业教材，也可作为幼儿园和幼教机构中一线教师继续教育和进修的参考用书。

◆ 主　　编　张　丹　郝风伦
　　副主编　寻斐斐　刘贵森　李　勇
　　责任编辑　连震月
　　责任印制　王　郁　彭志环
◆ 人民邮电出版社出版发行　　北京市丰台区成寿寺路 11 号
　　邮编　100164　　电子邮件　315@ptpress.com.cn
　　网址　https://www.ptpress.com.cn
　　北京七彩京通数码快印有限公司印刷
◆ 开本：787×1092　1/16
　　印张：11.5　　　　　　　　　2022 年 5 月第 1 版
　　字数：264 千字　　　　　　　2024 年 12 月北京第 2 次印刷

定价：46.00 元
读者服务热线：(010)81055256　印装质量热线：(010)81055316
反盗版热线：(010)81055315
广告经营许可证：京东市监广登字 20170147 号

前　言

随着我国经济的发展，学前教育越来越受到社会的普遍重视。幼儿的培养工作对于整个社会来说也是重要的基础工作。当下，培养优秀的幼儿教师是相关院校的重要任务。适应社会变革，响应国家号召，结合"校企合作、深度融合"的政策制定合理的授课内容，编写顺应时代发展的教材也是当务之急。

本书是众多一线教师多年相关工作经验的总结，是结合所教授对象的实际情况，在原有数学课程的基础上创新发展而来的，是对原有数学教学体系的重要的创新性补充。编者在编写本书时参考了《3—6岁儿童学习与发展指南》（2012年）、《幼儿园教师专业标准》（2012年）等行业标准。

本书的主要特点如下。

1. 突破陈旧，大胆创新

书中加入教具制作环节，让学生利用手工、绘画等手段参与实践制作，学生参与度高，课堂效果好。书中展示了多位教师在课堂上使用的创新创意教具，可以增加学生的学习素材，有效提高课堂效率。

2. 趣味浓厚，实用性强

本书实用性很强，按照本书教学教师可在有针对性地讲解必要的理论知识后，给学生布置任务，使学生深入参与课堂；采用分组教学模式，培养学生的合作能力。学生在完成任务的过程中，需要自己查找资料、讨论方案、修改方案、实施方案。本书还设置有制作教具、教学设计、教学展示、评价反思环节，对于提高学生的就业技能有很好的促进作用。

除了介绍理论知识外，本书主要采用大量的任务实施示例来辅助学生完成任务，以增强内容的趣味性。

3. 顺应潮流，贴合需求

新时代背景下，国家大力提倡"校企合作、深度融合"。编者在编写本书的过程中也深入幼儿园、小学开展调查研究，发现幼儿园对于幼儿教师的幼儿数学授课能力普遍要求较高。但是，有些幼儿教师没有掌握幼儿数学理论体系，不能发挥自己的主观能动性，将课堂变得更加活泼有趣。本书可以有效解决幼儿数学教育面临的上述问题。

4. 内容全面，特色鲜明

编者在编写本书的过程中，综合考虑了蒙氏教学体系的内容，以及幼儿行为、幼儿语言、幼小衔接等各方面的因素，力求将本书打造成符合当下实际情况的、全面有用的教材。

5．多方融合，聚力提升

本书综合了学前教育专业的学生在校期间学习的手工、绘画、活动设计、幼儿口语等专业知识，可以使学前教育专业学生的教学能力得到有效的锻炼和提升，帮助学生在以后的工作中根据具体的教学内容梳理教学思路，更好地达到教学目的。

6．灵活运用，百变课堂

本书按照一个学期的学时安排进行编写，在实际授课过程中，教师可以根据授课内容、课堂效果灵活安排。本书的教学学时安排可参考下表。

教学学时安排

	教学内容	学时
第一章	幼儿数学教育概述	4
第二章	幼儿数学教育活动设计	2
第三章	幼儿教具与幼儿园自制教具	2
第四章	幼儿数字学习	4
第五章	幼儿算术学习	4
第六章	幼儿平面图形认知学习	4
第七章	幼儿立体图形认知学习	4
第八章	幼儿时间认知学习	4
第九章	幼儿思维能力训练	6
第十章	硬笔书法和粉笔字	4
合计		38

本书的编写资料来源于一线教学课堂，以有效地提高学前教育专业培养效果为目的，帮助学生完成从准幼儿教师到幼儿教师的角色转变，为学生就业打下坚实的基础。本书由张丹、郝风伦担任主编，由寻斐斐、刘贵森、李勇担任副主编，所有教学案例均来源于张丹、寻斐斐的教学课堂。另外，高超、卢克静、蔡美玉、杨凤荣、段法霞、朱俊达、刘家军、郑书章也参与了本书的编写。

虽然我们在编写过程中力求准确、完善，但书中难免存在疏漏与不足之处，恳请广大读者批评指正。

编者

2022年1月

目　录

第一章

幼儿数学教育概述

数学是我国教育体系中的基础学科，大学生经过学前、小学、初中、高中阶段的数学学习，掌握了一定的数学基础知识。本章主要介绍什么是幼儿数学，让学生能够清晰地掌握幼儿数学的相关内容。

学习目标

1. 了解数学的基本知识、幼儿数学教学内容选择的依据。
2. 掌握幼儿数学的概念和特点。
3. 掌握幼儿数学教学的途径和方法，并能够思考应用。
4. 了解幼儿数学教育的误区，并能够科学规避误区。

第一节 数学与幼儿数学

幼儿数学不同于普通数学，其知识点较为简单，授课对象为幼儿。因此，教师要想取得较好的课堂效果，掌握正确的教学方式极为重要。学前教育专业的学生作为准教师，要认真学习幼儿数学的内容及教学方式，这样才能胜任幼儿数学教学工作。

一、数学的基本知识

数学学科是随着社会的发展，人类不断探索自然、进行生产实践活动的智慧结晶。对幼儿来说，数学是以后学习生涯中一门重要的基础课程；在当今社会，数学作为基础学科，更是起着不可替代的作用。

（一）数学的起源和发展

数学起源于人类社会早期的生产实践活动。在中国古代，数学被称为算术，又称算学，后期演变为数学。中国古代的算术是六艺（礼、乐、射、御、书、数）之中的数。数学是人类开展的一种创造性活动，是为了解决实际生活中的问题总结发展而来的。

一开始，人类为了标记物体数量，发明了结绳记数。虽然现在记录数量非常简单，但对于古人来说是一件非常有难度的事情。在远古时代，人们难以计量捕得的猎物数量，甚至连3只、4只这样少的数量都难以计算清楚。大概在5000～6000年前，古人可以写1～30的数字；到了2000多年前的春秋时期，古人不但能写3000以上的数字，还有了运算加法和乘法的意识。

通过不断总结，人类慢慢学会书写简单的数字和进行简单的加、减、乘、除等运算。随着社会的发展，人类在此基础上通过总结得出了一系列简单的基本概念、公式、原理等。在这些基本概念、公式、原理的基础上，经过思想的不断升华，人类又得到了更为复杂的理论知识。

古希腊学者毕达哥拉斯有这样一句名言："凡物皆数。"在现实社会中，我们不仅在课堂上学习数学，在生活中也会用数表示数量、顺序、名次等，连每次买东西做的交易都与数学知识密切相关：数学无时无刻不陪伴在我们身边。

（二）数学的研究对象

在数学发展史上，数学的研究对象有过多次变化。在古典数学时期，人们认为数学的研究对象即现实的空间形式和数量关系。16世纪代数学发展起来之后，数学的研究对象包含事物的一般类型形式。现代数学的发展使数学的研究对象变得符号化、抽象化、形式化、公理化。

现实生活中，数学的研究对象涵盖大部分与人类发生联系的事物。例如，人类需要标记物体的个数，进行简单的加减，进行日常生活中的买卖、度量等，甚至在课堂上学习的有抽象特征的各种公式、数学规律，都有助于建立数学体系并为人类服务。个体运用数学知识可以使生活变得更加简单、有趣，能节省时间、成本。

（三）数学的特征

1. 高度的抽象性

在学习数学的过程中，学习者可以真切地体会数学的抽象性。数学的学习不可能由个体在发展过程中自发完成。另外，数学无法通过一个实验来证明，它更多的是依靠推理。数学是人类运用智慧进行提炼的文明成果，我们需要打造一个系统的传授体系，使其在人类社会中传承下去。

2. 逻辑的严密性

数学具有严密的逻辑特征。以最基础的数学计算为例，数字与数字相加得到的是唯一确定的结果。数学中各种公理的演算也同样具有严密的步骤，所得的结论不能有丝毫的主观臆断性或片面性。同时我们还要看到，有些数学结论经过多次推导，仍处于进一步的论证阶段，随着推导的进一步深入，有些数学知识也在改变。正是不断地猜想、推导、论证促进了数学的发展。但是，职业院校的学生所学习的数学内容，基本都带有确定性的特征，因而也具有逻辑的严密性。

3. 应用的广泛性

数学来源于人类的实践活动，也被广泛应用于日常生活、工作、生产劳动及科学研究中，帮助人们提高生活效率，解决遇到的问题。基础的数学服务于人类最基本的活动。随着社会的发展，数学发展出了更加高端的理论体系，能够服务于人类高层次的活动。例如，当今社会计算机技术的发展就与数学密不可分，通过广泛使用计算机，数学间接服务于更多行业。

二、幼儿数学的概念和特点

对于即将成为幼儿教师的准教师来说，只有了解幼儿数学的概念和特点，建立完善的幼儿数学理论体系，才能更好地找到教学的出发点，采取科学的教学方法，更好地达到教学目的。

（一）幼儿数学的概念

幼儿数学是数学学科的基础部分。对于幼儿来说，学习幼儿数学能为以后学习更复杂的数学知识、建立完善的数学体系打下基础。英国哲学家培根说："数学是科学的大门钥匙，忽视数学必将伤害所有的知识。"数学在个体的综合知识体系建立中起着引领作用，是极其重要的学科。

（二）幼儿数学的特点

幼儿数学由于其本身内容、讲授群体的不同而具有如下特点。

1. 幼儿数学具有简单性

对于准幼儿教师来说，幼儿数学的内容看上去很简单，但在实际教学中，幼儿因年纪较小，自制能力差，集中精力的时间有限，无法靠自制力进行有效的学习。同时，幼儿对鲜艳的颜色、有趣的教具、有趣的教学方式等比较感兴趣，因此教师要根据幼儿的学习特点，不断努力，找到合适的教学方式，打造成功的幼儿数学课堂。

2. 幼儿数学具有抽象性，教学中需要实物的辅助

例如，幼儿在学习数字1、2、3的时候，认识数字比较容易，但是要建立数字与数量之间的对应关系、数字与顺序之间的对应关系就比较困难，教师需要依赖具体的实物来辅助讲解。教师只有不断强化对应关系，才能完成教学目标。

3. 幼儿数学的学习是一个由外向内固化的过程

在幼儿学习数学知识的过程中，教师可以通过强化外部动作来帮助幼儿理解、内化知识。例如，在幼儿学习数学时，教师可以叠加手部动作，让外部动作代表的意义内化于个体。通过一段时间的练习，即便是难以讲解、理解的数学概念，也会固化于幼儿的数学体系中。

4. 幼儿数学具有基础性

幼儿学习幼儿数学可以为以后的数学学习、逻辑思维能力训练等打下基础。

第二节　幼儿数学教学概述

掌握幼儿数学教学的内容，对于课堂内容的确定、课堂目标的制订、课堂的教学评价等环节起着重要作用。幼儿数学的教学内容是根据幼儿的年龄特点，结合具体的课堂活动内容而设计的，注重课程的连贯性。

一、幼儿数学教学内容选择的依据

幼儿数学的教学对象为3～6岁的幼儿，所以教学内容的选择一定要符合教学对象的成

长规律，教师要从实际情况出发选择合适的教学内容。

（一）幼儿的自然发展规律

幼儿作为教学对象，个体发育程度决定了其接受能力和理解能力。所以，教师在选择教学内容时要充分考虑幼儿的实际情况，选择适合幼儿的数学知识，使幼儿数学的学习更加科学合理。

（二）在校准教师的实际情况

教师是教学的实施者，必须掌握幼儿数学的科学教学体系。很多职业院校的学前教育专业开设了手工、绘画、活动设计、幼儿口语等课程，课程的选取和实现方式充分考虑了如何指导准教师在以后的工作中合理利用自身技能讲授幼儿数学课程。本书采取制作教具的方式，让准教师从设立课堂目标开始就独立扮演教师角色，在制作教具的过程中学习专业技能，锻炼分工合作能力，为以后工作中科学运用教具、提高课堂质量奠定基础。即使是没有现成教具的课堂内容，准教师们也可以自己制作教具，轻松完成课堂教学。

（三）新时代背景下幼儿数学的发展

社会是发展变化的，人的思想也是不断发展变化的。为了适应社会的发展，幼儿教学也要紧随时代步伐。因此，本书将逻辑思维能力训练加入幼儿实用数学的范畴。科学的教学方式不仅在于传授知识，培养幼儿独立思考的能力同样非常重要。

（四）新时代背景下的幼小衔接

国家大力提倡素质教育，人们的教育意识越来越强，父母为孩子的教育倾注了大量心血。为了顺利实现幼小衔接，让幼儿适应小学生活，幼儿园的教育就显得尤为重要。幼儿数学的内容实现了和小学数学内容的衔接，可以更好地帮助幼儿适应小学的学习。

（五）数学自身的特点

数学具有抽象性，所以，在幼儿园阶段接受科学的数学教育对于幼儿建立数学体系、培养科学的思维能力非常必要。幼儿数学把抽象的数学变得具体，能够锻炼幼儿的数学思维能力，为以后数学的学习打下基础。在《3～6岁儿童学习与发展指南》（以下简称《指南》）中，数学认知是幼儿科学学习中的一部分。

《指南》指出："幼儿的科学学习是在探究具体事物和解决实际问题中，尝试发现事物间的异同和联系的过程。幼儿在对自然事物的探究和运用数学解决实际生活问题的过程中，不仅获得丰富的感性经验，充分发展形象思维，而且初步尝试归类、排序、判断、推理，逐步发展逻辑思维能力，为其他领域的深入学习奠定基础。

"幼儿科学学习的核心是激发探究兴趣，体验探究过程，发展初步的探究能力。成人要善于发现和保护幼儿的好奇心，充分利用自然和实际生活机会，引导幼儿通过观察、比较、操作、实验等方法，学习发现问题、分析问题和解决问题；帮助幼儿不断积累经验，并运用于新的学习活动，形成受益终身的学习态度和能力。

"幼儿的思维特点是以具体形象思维为主，应注重引导幼儿通过直接感知、亲身体验和实际操作进行科学学习，不应为追求知识和技能的掌握，对幼儿进行灌输和强化训练。"

二、幼儿数学教学的途径和方法

教师只有了解幼儿数学教学的途径，掌握科学的教学方式，才能胜任幼儿教师工作。科学的教学方式能够有效地减少工作中遇到的困难，让课堂更加有趣，同时也让工作更加轻松。

（一）幼儿数学教学的途径

选择科学的实现途径，能够有效地降低工作难度，提高工作效率。幼儿教师要从自身专业角度出发，选择科学的幼儿数学教学的途径。

1. 课堂教学

通过上数学课学习数学是一种传统的教授数学的方式。教师为幼儿提供数学学习的内容和材料，与幼儿在学习中互动，从而完成学习目标。在学习活动开始之前，教师要根据具体的学习内容准备一些课堂材料，如教具、课堂的设计等。教具可以采用原有的配套教具，也可以教师自己根据需要制作。教师自己制作的教具更加灵活多变，能满足个性化需求。

课堂教学过程中除了以教师为主体的引导讲授外，以学生为主体的自主学习也非常重要。教师要给幼儿创设自主探索学习的机会，讲授的重点在于使课堂生动有趣，激发幼儿的学习兴趣。要给幼儿创设自主探索学习的机会，教师应做好以下准备。

（1）教师必须充分做好前期的准备工作，包括课堂内容的掌握、教学方式的选择等。教师在课堂上可以使用一些有趣的教具辅助教学，融入故事环境，或者采取游戏的方式等。

（2）幼儿在掌握一定的数学知识，进入自主探索阶段后，因本身自制力差，教师的指导必不可少。例如，幼儿自主探索遇到问题时，教师需要及时指导；幼儿之间发生争执时，教师也需要及时调解。自主探索的目的不是让幼儿自己玩，而是让幼儿带着一定的目标学习数学知识，只是幼儿自己感觉这个过程是在玩而不是在学，这就需要教师来制订计划，帮助幼儿实现自主探索。

2. 生活教学

数学起源于生活，人们要从生活中学习数学并且要让数学服务于生活。

（1）教师可将生活融入课堂。例如，开展简单的用钱买东西的活动，通过角色扮演、开商店的形式来进行教学。

（2）教师可以在教学过程中联系生活。例如，在学习立体图形的过程中，教师可以让幼儿思考日常生活中见到的物体是什么立体形状。

（3）注意家校结合。幼儿的教育并不只是学校教育，还需要家长配合。教师可适当布置任务，让家长带领幼儿在生活中体验数学。例如，让家长带着幼儿去参观一些地标性建筑，观察其形状；提醒家长带幼儿去动物园时，数数小动物的数量等。

（二）幼儿数学教学方法

幼儿数学教学方法多种多样，教师可以根据实际情况采取某一种或多种教学方法。大多数课堂是多种教学方法的融合。

1. 讲授法

讲授法是教师运用口头语言，辅助以表情、姿态、教具等向幼儿传授知识。特别是对于刚开始学习的幼儿来说，他们毫无基础，学习过程中讲授法就显得尤为必要。

（1）讲授法的优点。讲授法比较直观、易懂，符合幼儿认知学习的特点。教师结合教具讲解，能够有效地帮助幼儿理解掌握抽象的知识。

（2）讲授法的注意事项。讲授过程中注意讲解时间的合理性，讲解过多或一堂课全部采用讲授法，幼儿容易疲惫。根据幼儿的成长发展特性，他们注意力集中的持续时间在10分钟左右，讲解时间太长则不利于幼儿学习知识。

2. 游戏法

游戏法是将数学知识融入游戏中，让幼儿在游戏中获得数学知识的一种方法。

（1）游戏法的优点。游戏法是一种有效的教学方法，幼儿兴趣高，参与度好。

（2）游戏法的注意事项。幼儿在参与游戏的过程中势必会动起来，这就对保护幼儿安全提出了要求。游戏法的本质是让幼儿在游戏中学习数学知识，而不仅仅是游戏，所以教师在游戏设计过程中一定要带着教学目的。

3. 场景法

场景法是将数学知识融入场景中，让幼儿在一定的场景中获得数学知识的一种方法。

（1）场景法的优点。教师选择幼儿喜欢的场景，可以有效地提高幼儿的学习兴趣。有些场景的创设只需要一些教具加上教师的口头引导即可，创设难度较小。

（2）场景法的注意事项。创设过程中一定要选择合适的场景，例如，在学习数字时采用水果教具，那么教师可以创设一个水果店的场景。

4. 操作法

操作法是幼儿通过操作教具、材料等获得数学知识的一种方法。心理学家皮亚杰认为，逻辑不是来自物体本身，而是来自主体对客体施加的动作。

（1）操作法的优点。操作法符合幼儿的认知发展规律，直观易懂，幼儿作为操作的主体，有利于锻炼其积极性、主动性。操作的过程也可以锻炼幼儿其他方面的协调能力。例如，在幼儿数字学习部分制作的教具"数字圆片"，通过用线穿圆片的方式，可以很好地锻炼幼儿的手眼协调能力。

（2）操作法的注意事项。在操作法的实施过程中，教师一定要准备足够的操作教具、材料，并安排合理的操作顺序，以防幼儿争抢。注意操作教具、材料不要有危险性，以防伤到幼儿。

5. 发现法

发现法是指教师不直接传授知识，而是引导幼儿在已有知识的基础上自主获得数学知识的一种方法。这种方法是教育学家布鲁纳提出的。

（1）发现法的优点。发现法强调幼儿的主体作用，突出幼儿的内在学习动机。对于一些感兴趣的内容，幼儿的兴趣度较高。

（2）发现法的注意事项。发现法是一个长期的教学过程，教师需要做足够的准备，拥有足够的耐心，还需要提出一个科学的猜测来引导幼儿逐步发现目标。

6. 启发式谈话法

启发式谈话法是教师根据幼儿已有经验设置问题，通过对话方式探讨学习内容，激发幼儿的独立思考能力，从而使幼儿获得知识的一种方法。

（1）启发式谈话法的优点。启发式谈话法氛围轻松愉快，谈话对象间可以相互交流。教师作为引导者需要不断提出问题，引导幼儿思考；幼儿在谈话中作为主体，应当主动思考，寻找答案。这既有助于幼儿主动摄取知识，也有助于幼儿较好地巩固知识、加深印象。

（2）启发式谈话法的注意事项。启发式谈话法需要教师根据幼儿不同的思维习惯进行引导，比较适合一对一或一对少教学。教师需要根据总体方向，针对幼儿的不同反应提出下一步的启发谈话内容。教师还需要仔细倾听并且及时调整谈话内容。

三、幼儿数学教学的内容

结合幼儿园数学的教学目标，幼儿数学的教学内容主要有以下几个方面。

（一）集合

集合是一个基本概念，是具有相同属性的一组对象。幼儿通过感知具体的物体、寻找物体的共同属性来对其特性进行提炼，进而将其概括为一个集合。这要求幼儿初步感知"交集""并集"特征，并可以正确概括"交集""并集"。例如，本书的幼儿数字学习部分介绍的教具"水果与数字"就体现了水果属性的集合。

（二）识数

幼儿通过学习，可以初步掌握10以内数字的概念，能够认读数字，了解数字与数量的对应关系。识数是数学学习的基础。数字是抽象的符号，教师需要在幼儿大脑内建立数字和数量的对应关系，这就需要教师不断培养幼儿的数学学习能力。幼儿时期的数学学习能力在一定程度上为数学的终身学习奠定了基础。

（三）数的运算

幼儿需要掌握10以内的简单的加减运算。加减运算是建立在认读数字、了解数字与数量对应关系的基础之上的。人类创造数字在一定程度上是为了计算方便，可以用符号代替实物进行计数。所以运算能力是幼儿应具备的基本能力，并且幼儿要逐步提高运算的准确度，这样才能更好地发挥数学学习的作用。

（四）量的认知

幼儿应初步认识日常生活中的量，如大小、长短、轻重、粗细等。幼儿对于量的初始认知，是通过日常生活中物体间的比较而产生的，从物体的具体形状等特性上发现不同量的特征，从而建立量的概念。例如，本书幼儿数字学习部分介绍的教具"水果与数字"就能够体现水果的大小和多少的量的关系。

（五）平面的认知

幼儿应认识一些简单的几何图形，如圆形、正方形、长方形、三角形、半圆形、椭圆形等。简单的几何图形主要指的是平面图形，生活中很多物体的表面可以看作是由平面图形围成的。例如，正方体是由6个正方形围成的；圆柱体的表面不全是平面，它是由两个圆形和一个柱形曲面围成的。平面图形的学习可为立体图形的学习奠定基础。

（六）立体的认知

幼儿应认识一些简单的立体图形，并能够与平面图形进行区分比较。例如，长方体、正方体、圆柱体、棱柱等都是立体图形。立体图形的表面通常是由平面或平面与曲面围成的。表面全部都是曲面的立体图形较少，如球体、椭球体等。立体图形几乎存在于日常生活中的每个角落，幼儿学习立体图形有助于建立空间想象能力。

（七）时间和空间

幼儿应初步掌握早晨、中午、晚上、白天、黑夜等时间概念，认识简单的整点、半点，学会区分上下、前后、左右、远近等空间概念。幼儿对早晨、中午等时间概念的掌握主要来源于对自然界的感知，通过提炼自然界的特征，形成时间的概念；对整点、半点的认识主要来源于实物钟表；学会区分上下、前后、左右、远近等空间概念，这主要来源于幼儿自身的方位感。

（八）逻辑思维能力训练

教师应培养幼儿简单的逻辑思维能力，使其能够发挥主观能动性思考问题，遇到问题能够找到解决问题的切入点。逻辑思维能力的培养对于个体的发展而言是极其必要的，且符合当下的素质教育理念，能为幼儿自我学习能力的培养奠定基础。

针对以上几个方面的内容，教师在授课过程中融会贯通，可以达到更好的教学效果。

第三节　幼儿数学教育的价值和误区

幼儿数学的学习时期对应幼儿的年龄为3～6岁，这个时期是幼儿数学思维培养的重要时期，能为幼儿将来进入小学学习做准备。

一、幼儿数学教育的价值

幼儿数学是一门非常重要的学科，它不仅要求幼儿学习数学知识，更能培养幼儿严谨的数学思维。因此，幼儿数学教育具有极其重要的价值。

（一）日常生活方面

学习幼儿数学可以帮助幼儿解决生活中的问题，可以让幼儿用数学专有名词准确地描述问题，正确地与人沟通。数学本身就是抽象的存在，学习幼儿数学能够锻炼幼儿理解抽象问题，并且将抽象问题用语言或图画等具体形式表现出来，将抽象的问题具体化的能力。例如，幼儿只有通过计数学习，才能理解数与数量的对应关系。

（二）思维能力方面

幼儿学习幼儿数学可以培养数学思维能力。数学思维能力的建立不只对解决数学问题有帮助，也是培养其他学科思维的基础。幼儿只有自己主动思考，找到解决问题的切入点，才能解决问题。数学是人类思维的结晶，幼儿不只是学习结果，同样需要学习数学符号的意义和来源，并学会举一反三地思考其他符号的意义和来源。

（三）幼小衔接方面

幼儿学习幼儿数学可以为升入小学打下坚实的基础。幼小衔接不是简单的知识的衔接，学习幼儿数学不仅让幼儿掌握了数学的基础内容，对于幼儿阶段思维能力的培养、兴趣的建立、习惯的养成等方面也颇有助益。在国家大力推行素质教育的前提下，幼儿数学的内容要更加科学合理，而不能单纯地向幼儿灌输知识。因此，开设科学的幼儿数学课对于顺利实现幼小衔接而言意义重大。

二、幼儿数学教育的误区

只有了解了幼儿数学教育的误区，才可能合理规避误区，让幼儿教育工作变得更加高效。

（一）准幼儿教师的培养

现在，大部分职业院校学前教育专业的数学课都侧重于理论知识课堂教学，侧重于提高准幼儿教师自身的数学素质，忽视了他们准幼儿教师的身份。新时代下的教学方式向"工学一体化""校企融合"转变，院校应在保留传统数学课程的基础上，开设一些幼儿数学课程，系统培养准幼儿教师的各种教学能力。

（二）家长的传统思维

部分家长的思维还是比较传统：他们认为幼儿在幼儿园不需要学习，上了小学自然有老师教；幼儿的学习与自己关系不大，将这部分工作全部委托给老师；幼儿数学的内容就是识数和算术。科学研究表明，幼儿时期的思维培养非常重要，建立科学的幼儿数学学习体系，能让幼儿终身受益。

（三）幼儿数学教育的内容

部分幼儿园的数学教育延续传统内容，采用单一教学方式，效果不理想。这就需要在教学内容上、方式上进行科学变革。例如，在原有教学内容的基础上融合多种教学方式，增加思维能力训练内容等。

课后思考

1. 幼儿数学与通常意义上的数学有何相同之处？侧重点又有何不同？
2. 作为一名准幼儿教师，你认为自己要具备哪些能力才能胜任幼儿数学教师的工作？

第二章

幼儿数学教育活动设计

　　"设计"即按照任务的目的和要求，预先制订工作方案和计划，绘出图样。《幼儿园教育指导纲要》指出："幼儿园的教育活动，是教师以多种形式有目的、有计划地引导幼儿生动、活泼、主动活动的教育过程。"幼儿数学教育活动设计是教师根据一定的教育目标及幼儿的年龄特点、兴趣和需要，选择恰当的教学内容和方法，对幼儿施加教育影响的活动方案。从狭义的课程层面来分析，幼儿数学教育活动设计主要包括目标的设计、内容的设计、活动方法的设计等。本章主要根据幼儿认知发展的特点，按照幼儿教育活动设计的步骤（充分考虑本班幼儿的情况—明确任务—选定内容—安排时间—编写计划），围绕幼儿教育活动设计的方法、技巧等，就如何有效地开展幼儿数学教学活动进行微观的活动设计。

学习目标

1. 掌握幼儿数学教育活动设计的步骤。
2. 了解幼儿数学教育的总目标和各年龄段目标。
3. 了解幼儿数学教育活动设计中常用的组织方法和技巧。

第一节　幼儿数学教育活动设计的步骤

　　教师开展数学教育活动设计之前，需要进行一个数学教学方案设计，即教案设计，也就是我们常说的"备课"。它一般包括活动名称、活动目标、活动准备、活动过程、活动延伸、活动评价与反思等内容。

一、活动名称

　　活动名称是指本次活动的具体名称、题目或主题，要求既全面又一目了然，一般包括活动对象年龄段、活动领域、具体的活动名称3个要素。

（一）活动命名方式

　　幼儿数学教育活动一般有两种命名方式，一种是使用数学术语，如"学习10以内的加减法""认识奇数"。其优点是直接呈现本次数学教育活动的内容和要求，一目了然；缺点是忽视了幼儿数学教育中的趣味性和游戏化取向，缺乏感性的体验。另一种是用生活化的语言命名，如"送瓶宝宝回家""数字宝宝找妈妈"。这种命名方式更加生动、有趣，和幼儿的生活紧密相连，符合幼儿的认知特点，因而更具吸引力。

（二）活动名称格式

　　自《幼儿园教育指导纲要》颁布以来，幼儿园广泛采用的教育活动模式多是按五大领域进行分类的，因此幼儿数学教育活动名称最好注明活动对象年龄段、活动领域和具体的活动名称，简单明了。

二、活动目标

目标是一切活动的出发点和归宿，幼儿数学教育活动目标指明了幼儿数学教育活动发展的方向，指导着幼儿数学教育活动全过程，也是评价幼儿园数学教育工作的重要依据。教育活动目标应是非常具体的，教师在制订目标时要严谨，确保目标科学合理，符合"最近发展区"理论。

（一）活动目标的内容

科学探究是数学学习的基础，数学是科学探究的工具。《幼儿园教育指导纲要》将数学纳入科学领域之中，强调幼儿能从生活和游戏中感受事物的数量关系并体验到数学的重要和有趣，强调关注幼儿的兴趣、好奇心和求知欲，引导幼儿发现问题、解决问题，并通过适当的方式表达交流探索的过程和结果。根据《幼儿园教育指导纲要》的要求，我们将幼儿数学教育的总目标和各年龄段目标总结如下。

1. 幼儿数学教育的总目标

① 引导幼儿学习一些基础的数学知识和技能，帮助幼儿获得有关物体形状、数量以及空间、时间等方面的感性经验，使幼儿逐步形成一些初级的数学概念。

② 培养幼儿学习运用已有经验解决问题的能力，发展和锻炼幼儿的思维能力。

③ 培养幼儿对数学的兴趣及参与数学教育活动的主动性和独立性。

④ 培养幼儿正确使用操作材料的技能和良好的学习习惯。

2. 各年龄段数学教育目标

（1）小班

① 学习按物体的某个特征对物体进行分类。

② 感知物体量的差异。

③ 认识"1"和"许多"，并了解其关系。

④ 学习用一一对应的方法比较两组物体的数量，感知多、少和一样多。

⑤ 学习手口一致地从左到右点数5以内的实物，能说出总数，能按实物范例和指定的数目取出相应数量的物体，学习一些常用的量词。

⑥ 认识圆形、正方形、三角形。

⑦ 初步理解早晨、晚上、白天、黑夜的含义，并学习正确运用这些词语。

⑧ 学习区分以自己为中心的上下方位，学习判断两个物体之间的上下关系。

⑨ 学习按照游戏规则参与活动，大胆回答问题，学习用语言表达操作活动的过程和结果。

⑩ 愿意参加数学教育活动，喜欢摆弄、操作数学教育活动材料，在教师的帮助下学习按要求拿取、摆放操作材料。

⑪ 在教师的指导下，熟悉周围环境中物体的形状和数量。

（2）中班

① 认识10以内的数字，理解数字的含义，学会用数字表示物体的数量。

② 学习目测数群，学习不受物体空间排列形式和物体大小等外在因素的干扰，正确判断10以内的数量，感知和体验10以内自然数列中相邻两数的数差关系，学习10以内的序数。

③ 理解符号"="" ≠"所表示的意思，学习用符号表示两个集合之间的数量关系。

④ 认识长方形、梯形、椭圆形。

⑤ 学习概括物体的两个特征。

⑥ 学习按物体量的差异进行10以内的排序，或者学习按一定的规律对物体进行排序。

⑦ 能听清楚教师的话，按照要求参与活动，并学习按照要求纠正自己的活动。

⑧ 能安静地倾听教师和同伴的讲话，学习讲述自己操作活动的过程和结果。

⑨ 学会观察、比较、判断10以内的数量关系，逐步建立等量观念，运用已有的知识经验解决新问题、学习新知识，促进推理和迁移能力的提升。

⑩ 能自己选择小组和活动，根据各个小组的活动情况确定自己参与哪组的活动，在日常生活中喜欢进行数学游戏。

⑪ 能主动、专心地参与数学教育活动，并对自己的活动成果感兴趣；在教师的引导下，能注意和发现周围环境中物体量的差异、物体的形状，以及它们的空间位置等。

⑫ 初步理解昨天、今天、明天的含义，知道它们之间的关系，并学会正确运用这些词语。

⑬ 学习判断多个物体之间的上下、前后位置关系，学习按指定方向运动。

（3）大班

① 学习10以内的序数、单双数、相邻数等知识，学习顺着数和倒着数。

② 学习10以内数的分解和组成，了解总数与部分数之间的包含关系、部分数与部分数之间的互补关系和互换关系。

③ 学习10以内数的加减，认识加号、减号并理解其含义，初步掌握10以内数的加减运算技能，了解加减互逆关系。

④ 理解符号">"" <"" ="所表示的意思，学习用符号表示两个集合的数量关系，以及用符号表示10以内数量的变化关系。

⑤ 学习概括物体两个以上的特征，学习按两个以上特征在表格中摆放图形，学习在表格中勾画图形的特征及根据画好的特征寻找图形。

⑥ 学习按物体量的差异进行10以内的排序，初步了解序列之间的传递性、双重性及可逆性关系。

⑦ 认识几种常见的立体图形（如正方体、长方体、球体、圆柱体），根据形体特征进行分类，了解、体验平面图形与立体图形之间的关系。

⑧ 学习等分实物或图形，学习自然测量。

⑨ 学习日历，知道一星期中每天的名称和顺序。

⑩ 尝试使用人民币，能区分它们的面值。

⑪ 能清楚地讲述活动的过程和结果。

⑫ 能在教师的帮助下归纳、概括有关的数学经验，学习从不同角度、不同方面观察与思考问题，能通过观察、比较、类推、迁移等方法解决简单的数学问题。

⑬ 学习有条理地摆放和整理活动材料。

⑭ 能与同伴友好地进行数学游戏，采取轮流参与、适当等待、协商等方法协调与同伴的关系。

（二）活动目标表述要求

1. 活动目标要从主语一致的角度进行表述

教育活动目标的表述方式主要有两种：一种是以教师为主体，"教师"做主语，如"引导幼儿……""让幼儿……""激发幼儿……"；另一种是以幼儿为主体，"幼儿"做主语，如"了解……""能够……""体验……"。在同一个教学活动中，表述目标时的主语需要保持一致，而以幼儿为主语来表述目标体现了幼儿的兴趣和需要，突出了幼儿的主体地位。

2. 活动目标具体可操作

活动目标的设计应具体化，具有可操作性，过程和结果可衡量，而不是大而空的套话。例如，"复习6以内的加减法"比"复习加减法"更具体。

3. 活动目标应列明重点

一次教育活动中的目标数量不宜过多，应重点呈现新的经验和需要回顾的重要经验，不可能、也没必要将所有的方面都一一列出，目标一般以2～3条为宜。

幼儿教育活动目标主要表现为知识技能目标、能力培养目标、情感态度目标，可以简称知识、能力、情感三维目标。目标的排列没有严格的先后顺序，既可以根据获得活动经验的先后顺序排列，也可以根据活动的需要灵活排列。

4. 活动目标符合幼儿的年龄特点

3～6岁幼儿的思维逐渐从直觉行动思维发展到具体形象思维。通常来说，大班幼儿已经具备抽象概括的能力，但对事物的感知仍然是具体形象的。例如，幼儿感知数的概念经历了"口头点数（手口一致点数）—按物说数（说出总数）—按数取物—掌握数的概念"4个阶段。幼儿通常3岁左右就掌握了10以内数的顺序，但不会真正数数；4岁左右能够数数，理解数的实际含义，具备了初步的计数能力；5～6岁掌握数的组成，最终形成数的概念。在这个过程中，教师应该学会给不同年龄段的幼儿设计符合其"最近发展区"的活动目标。

三、活动准备

在幼儿数学教育活动设计过程中，充足的准备是活动成功实施的保障。活动准备一般包括经验准备和物质准备两个方面。

（一）经验准备

经验准备，即幼儿面对将要进行的数学学习活动，必须先具备知识、能力、情感等方面的学习经验。教师要从3个方面进行经验分析：幼儿已具有哪些方面的经验，缺少哪些方面的经验，需要创设哪些条件来帮助幼儿获得更多的经验。教师需要深入思考数学教育活动的目标、内容、方法等，考虑教育活动是否适合本班幼儿，是否能照顾幼儿个体差异，是否关注了不同成长水平的幼儿的需求等。例如，"学习10以内的加减法"是大班幼儿数学学习的目标，"学唱儿歌《小星星》"不是幼儿数学领域的知识内容，"学习10以内的乘除法运算"不在幼儿的理解、认知范围之内，"学习数字1～10，分别将每个数字写在田字格上"不能满足幼儿的兴趣和需要。

（二）物质准备

物质准备主要包括环境创设和材料准备（实物、模型、图片）两部分。例如，在活动中将教室装饰得符合相应主题就属于环境创设；收集废旧物品，选择玩具、教具（卡片、三角尺、多媒体、自制教具等）等都属于材料准备。教师在物质准备过程中应注意以下几点。

（1）材料安全卫生，无毒、无害、无污染。

（2）选择适用于数学教育活动的教具，如卡片、图片等。

（3）考虑不同年龄段幼儿的认知特点。例如，小班多用直观形象的教具——能发出声音、色彩鲜艳、形象突出；大班除用实物教具外，还可用卡片、图片等多样化的教具。

（4）活动材料不宜过多，讲究实用性，切忌华而不实。

（5）发挥材料的其他作用。材料为开展活动而准备，被赋予了特定的功能，教师还要考虑材料是否易于幼儿反复操作，是否能再次利用。例如，使用完的数字卡片可以投放到益智区，以便幼儿玩"数字连连看"的小游戏。

（6）创造机会和幼儿一起进行环境创设或材料准备。

四、活动过程

活动过程即幼儿数学教育活动实施的过程和步骤，一般包括3个部分——开始部分、展开部分、结束部分。

（一）开始部分

要想让幼儿积极参与数学活动，教师首先要激发幼儿对数学的兴趣，把数学生活化、游戏化、幼儿化。导入环节是活动的开始部分，时间较短，一般占整个活动的5%～10%，主要作用是激发幼儿的学习兴趣。例如，在大班数学活动"学习5以内的加减法"中，教师组织幼儿玩手指游戏练习导入该活动："小朋友，小朋友，大家来做手指操，手指头动，手指头动，5可以分成1和几？我出1，你出几？"手指操活泼有趣，把枯燥的数学符号演绎成一个小游戏，极大地激发了幼儿学习数学的兴趣。

（二）展开部分

展开部分是活动过程中最重要的一部分，时间较长，一般占整个活动的80%～90%。在数学教育活动的设计过程中，教师首先应紧扣目标，通过多个活动来实现一个目标。其次，教师要注意过程的逻辑性，使活动由浅入深、由易到难地层层递进，从初步学习到进一步巩固、再到应用练习应成为一个完整的过程。设计中要注意突出活动重点、突破活动难点，同时还要根据幼儿的年龄特点运用幼儿化的语言设计互动、过渡等话术。最后，新手教师要设计详细教案，明确每一步教师要引导幼儿干什么，尽可能预设出幼儿会出现的种种反应，减少在活动实施环节中的失误。例如，在中班数学活动"认识5以内的序数"中，为了实现"正确感知物体在序列中的位置，并能用第一至第五的序数表示物体在序列中的位置"这个目标，教师设计了以下几个活动。

（1）"帮小房子钉门牌号码"，该活动有助于幼儿初步了解第一至第五的序数。

（2）"请小朋友按照小动物的排队顺序把它们一一送到小房子前""请小朋友帮助迟到的小动物，根据它们想住楼层的序数找到相应的位置"，这两个活动有助于幼儿进一步巩固第一至第五的序数。

（3）"邀请小动物到森林宾馆休息一会儿，用第几层、第几间的形式表述它们的位置"，该活动可以检验幼儿的学习成果。

（三）结束部分

结束部分是教育活动中必不可少的部分，它不需要太复杂，时间一般占整个活动的5%～10%。现代教育提倡培养发散性思维，数学教育活动对发展幼儿的发散性思维有重要意义，因此数学教育活动的结尾应是开放性的。例如，在运用讲评结束法时，教师不仅可以在讲评完毕后直接宣布活动结束，还可以通过幼儿之间互相评价、幼儿自我评价的方式来结束活动。

五、活动延伸

活动延伸不是活动过程的必需环节，教师可以根据具体的活动情况来决定是否设计活动延伸。如若设计活动延伸，就要说明向哪里延伸、做什么和怎么做，可巩固什么经验或让幼儿得到什么新经验。活动延伸的方式多种多样，可向区域活动、生活活动、户外活动及家庭活动中延伸。

六、活动评价与反思

在活动实施之后，教师客观分析教育活动中的成功与不足，并提出有效对策的过程就是活动评价与反思的过程。

活动目标是评价教育活动的重要依据，因此，制订的活动目标是否合理，活动结束后目标是否达成是重要的评价内容。除此之外，活动方法的运用、活动内容的安排、活动道具的使用、各环节的衔接、课堂氛围、教师风格等都是活动评价的重点内容。值得注意的是，在幼儿数学教育活动中，教师要注重反思幼儿对知识点的掌握，更要注重反思在活动中幼儿的兴趣和需要是否得到满足，以及幼儿的主动性、创造性是否能够发挥出来。

第二节 幼儿数学教育活动设计的方法和技巧

数学教育活动的方法既包括教的方法，也包括学的方法。教师在选择幼儿数学教育方法时，应从幼儿学习数学的思维特点出发，采用多种感官参与的形式，灵活运用多种方法，以保证幼儿数学教育活动取得良好的效果。

一、导入的方法和技巧

良好的活动导入不仅可以化难为易，激发幼儿学习数学的兴趣，而且可以引导幼儿积极观察，不断发现问题、解决问题，培养幼儿的创新能力。数学教育活动中常用的导入方法有游戏导入法、经验导入法、作品导入法、情境创设法等。

（一）游戏导入法

游戏导入法是通过数学小游戏导入的一种方法。游戏可以活跃课堂气氛，融洽师生关系，提升教学效果，是幼儿很喜欢的一种活动形式。教师在数学教育活动中恰当使用游戏导入法，可使幼儿在轻松、愉快的氛围中不知不觉地进入数学知识的海洋中。有趣的数学小游戏有很多，如在"认识5以内的序数"活动中，教师和幼儿一起做手指游戏"一二三四五，上山打老虎"导入新课，简单的数学小游戏一下子就把幼儿的注意力转移到课堂上了。

（二）经验导入法

经验导入法是指在数学教育活动中，教师根据幼儿已有的数学经验，结合幼儿的认知水平和特点，找准一个有趣的话题，通过问答的方式激发幼儿联想，以导入活动内容的方法。例如，教师在引导幼儿学习"1和许多"时，先与幼儿一同统计参与活动的人数，让幼儿明确知道有一位教师和许多个小朋友；然后来到"池塘"边，幼儿非常兴奋，教师立即启发幼儿观察"池塘"里的某样东西可以用"1个"和"许多"来表示。这样的教师是非常细心的，善于抓住每一个细节来帮助幼儿根据已有的经验一步步获得新的数学经验。

（三）作品导入法

作品导入法是指利用幼儿喜闻乐见的故事、谜语、儿歌等引入数学教育活动的一种方法。例如，在指导幼儿学习物体的颜色分类时，教师利用"三只小猪"的故事引入活动，让幼儿在充满童趣的氛围中将小白猪与白色房子配对，小花猪与色彩斑斓的房子配对，小黑猪与黑色房子配对，很自然地就把"颜色分类"这个活动引出来了。

（四）情境创设法

探索发现的关键在于情境的创设。教师利用实物、教具、模型进行演示，或者利用音乐、美术技能等方式能达到创设情境的目的。创设的情境不仅要符合各年龄段幼儿身心发展的特点和认知水平，而且富有趣味。例如，在"认识5以内的序数"活动中，教师创设了"森林"情境。伴随着《森林狂想曲》，教师带领幼儿来到了大森林，森林里有一座梦幻城堡。当小朋友想对梦幻城堡一探究竟的时候，教师立即引出活动内容——请小朋友帮忙分房子，先把1～5的门牌号码张贴完毕。

二、活动过程中的基本方法

幼儿园常用的数学教育活动方法有操作法、游戏法、观察法、讲解法、记录法等。

（一）操作法

操作法是指给幼儿提供合适的环境与材料，让幼儿亲自动手操作，在摆弄教具的实践过程中探索发现问题，尝试解决问题并获得相关知识、经验和情感体验的一种方法。例如，教师利用自制教具让幼儿进行点数、比较、分类、排序等活动，并从中获得计数、一一对应、分类、排序等数学知识和能力。在运用操作法时，教师应注意以下几个方面。

（1）操作材料安全、实用、数量充足，最好人手一份。教具应适合该年龄段幼儿使用，同时照顾到幼儿间数学认知的个体差异；教师应注重操作过程，给幼儿预留充足的操作时间。

（2）在操作前，教师向幼儿说明操作的目的、要求和操作方法。

（3）在操作过程中，教师应注意巡回观察，适时介入指导。

（4）在操作结束后，教师积极引导幼儿表达操作的过程和结果，帮助幼儿归纳操作过程中获得的经验。

（二）游戏法

游戏法是指教师指导幼儿在有规则的游戏活动中学习数学的一种方法。它是幼儿数学教育活动中一种十分重要的方法，也是使数学教育活动充满趣味、化抽象为具体的一种学习方法。数学游戏的种类很多，有以操作为主的，有充满故事色彩的，有体育运动型的，有依靠感官观察的，有益智的，有竞赛的。例如，在"认识单双数"活动中，教师组织幼儿玩"单双数找朋友"游戏：小朋友，走走走，走在线上找朋友，单数自己抱自己，双数找个好朋友；遇到单数就拍手，遇到双数就踩脚……在这个活动中，教师让幼儿亲自参与游戏比让幼儿操作玩具小人做游戏的效果更好。在运用游戏法时，教师应注意以下几个方面。

（1）数学游戏要有规则，但规则不宜太复杂，以免降低幼儿学习的积极性。

（2）数学游戏的过程不宜太新奇，以免分散幼儿的注意力。

（3）在数学游戏中，教师要引导幼儿克服困难完成游戏，注意培养幼儿合作、独立思考、勇于探索、善于观察、专注等优秀品质。

（4）教师要根据数学教育活动内容、活动目标、幼儿的兴趣和经验、环境和材料等选择不同种类的游戏。

（三）观察法

在幼儿数学教育活动中，观察法是指教师有目的、有计划地引导幼儿感知现实世界中数量关系和空间形式的一种方法。幼儿不论通过哪种方法学数学，都必然伴随着观察法的应用：从现实生活中学数学需要观察，在操作练习中学数学需要观察，借助表象的支持学数学需要观察，学习数学抽象符号需要观察……

在观察法中，比较观察法是幼儿数学教育活动中常用的一种方法。例如，在指导4～5岁幼儿区别两个或两个以上差异（如大小、长短、高矮、厚薄等）不太明显的物体时，教师通常会让幼儿将物品重叠在一起比较或并列放在一起比较。在运用观察法时，教师应注意以下几个方面。

（1）观察开始前为幼儿创设观察条件。例如，在"学习立体图形"活动中，教师提前在教室中布置好各种球体、长方体、正方体。

（2）观察开始时，教师强调观察目的；观察过程中，教师巡回指导，给予幼儿观察方法的支持，如多感官观察、比较观察、顺序观察等；观察结束时，教师总结归纳，将观察的感性经验上升为数学概念。例如，在"寻找立体图形"活动中，教师带领幼儿在幼儿园里寻找熟悉的立体图形。观察开始时，教师强调观察的目的是找立体图形；观察过程中，幼儿的注意力容易分散，教师利用语言、教具等手段吸引幼儿注意力，引导幼儿自始至终有目的地观察；观察结束时，教师和幼儿一起分享发现了哪些立体图形，形状如何描述，名称是什么。

（四）讲解法

讲解法是指教师通过语言向幼儿解释说明数学知识的一种方法。讲解法在数学教育活动中通常和演示法一起使用。演示法是指教师向幼儿展示各种教具、实物、模型，进行示范性操作，使幼儿获得关于数学知识的感性认识的方法。在运用这种方法时，教师应注意以下两个方面。

（1）讲解时语言通俗易懂、形象生动、条理清楚、简明扼要，抓住重点、难点、关键点。

（2）讲解应与示范性操作配合得当、步调一致。

（五）记录法

记录法是指在数学教育活动中，教师将观察到的数学表象、操作的结果、计算出的数据、游戏中的体验等用图片、图形、数字、表格、符号等形式记录下来，分享交流数学经验的方法。记录法有助于培养幼儿独立思考的能力。但对于小班幼儿来说，此方法较难实施。例如，在小班幼儿学习认识"1和许多"的活动中，教师设想组织幼儿观察并记录池塘里、大树下、菜园里发现的数据（1条鱼和许多条鱼，1片树叶和许多片树叶、1棵菜和许多棵菜等）。教师给每位幼儿发一张纸，鼓励幼儿将观察到的结果用绘画的方式记录下来。

活动实施下来，教师和幼儿都非常疲惫，记录的效果也不太好。因此，在运用这种方法时，教师应注意以下几个方面。

（1）选择合适的记录方式。小班幼儿可以选择幼儿口述、教师协助的集体记录方式，中、大班幼儿可以采用个人记录或小组记录的方式。

（2）记录讲究实用性，不搞形式主义。例如，在大班幼儿学习"分解与组成"活动中，教师组织幼儿开展投沙包、投壶、投飞镖等活动，记录下投掷结果，然后根据记录结果归纳总结，最后拿到课堂上让大家学习分解与组成。

（3）教给幼儿记录的方法，让幼儿对记录法产生兴趣。例如，教师提前为幼儿设计一些记录表，在日常生活中鼓励幼儿用照片、图画等方式记录生活。

三、结束的方法

良好的开端是数学教育活动成功的一半，引人入胜、高潮迭起的展开环节让人充满探究的乐趣，精彩的结尾也将使一堂幼儿数学活动课更加圆满。结尾处恰当地运用一些方法和技巧，不但能巩固课堂所学、温故知新，还能重新吸引幼儿的注意，增强活动效果。数学教育活动中常用的结束方法有讲评结束法、游戏结束法、操作练习结束法、自然而然结束法等。

（一）讲评结束法

在数学教育活动的结束环节，教师用简练的语言总结活动结果、评价活动情况（包括所学知识、所获经验、情感体验等），指出活动中出现的问题并总结成功经验，促使幼儿发扬优点、克服不足，这种方法就是讲评结束法。幼儿在活动过程中学到了多少数学知识不应该成为评价数学教育活动好坏的唯一标准。教师在教学中应坚持"正面教育"的原则，避免横向评价，要善于发现每位幼儿的"闪光点"。在活动结束时，教师应总结幼儿的表现，表扬和鼓励在活动中表现积极的幼儿。同时，教师也要照顾到那些在活动中表现得比较安静的幼儿和表现不好的幼儿，鼓励他们加油，争取下次表现得更好。中肯的评价能帮助幼儿感受到成功的喜悦，增强对数学的学习兴趣。

（二）游戏结束法

幼儿喜欢玩游戏，应成为游戏的主体。游戏法贯穿活动过程的始终，也是教师常用的数学教育活动结束方法。当总结评价等方法在巩固复习所学知识上效果不佳时，教师应当尽量组织生动活泼的游戏来结束活动。

（三）操作练习结束法

教师在活动结束时，引导幼儿开展多种多样的操作活动以巩固所学知识，是培养幼儿动手动脑能力的一种结束方法。在数学教育活动结束时，教师可以提供记录卡、自制教具及幼儿喜欢的玩具等材料让幼儿进行反复的练习，从而满足幼儿动手操作的需要，巩固学习内容，使幼儿的分析、抽象、概括能力都得到进一步的发展和提高。

（四）自然而然结束法

自然而然结束法指活动结束时，教师无须专门设计一个结束活动，只需在结束时（通常在游戏活动、操作活动之后）用简单的语言或动作顺其自然地结束活动。

课后思考

1. 尝试为以下活动设计活动目标、导入方法。

（1）小班数学活动：比多少。

（2）中班数学活动：认识序数。

（3）大班数学活动：认识左右。

2. 设计几个数学小游戏。

3. 思考以下案例中的问题。

阳阳今年3岁了，刚上幼儿园不久。最近放学回家，阳阳总要展示一下自己的"才华"：从1数到100。大家都拍手叫好，连连称赞。爷爷奶奶更是对阳阳夸个不停，话里话外都透露着对幼儿园的满意：我们的幼儿园好，老师教得好。半年后，阳阳妈妈却发现阳阳没什么长进，问他"2+3"等于几也不知道。阳阳妈妈越来越着急，考虑再三，她来到幼儿园问老师："这是怎么回事儿啊？幼儿园还没教算术吗？阳阳的表现和其他小朋友比落后了，你们是怎么教数学的啊？"作为幼儿园老师，遇到这样的问题你该如何回答呢？

第三章

幼儿教具与幼儿园自制教具

　　教具是辅助教学的工具，教师根据需要选择合适的教具融入教学过程中，可以有效激发学生的学习兴趣，突破教学重点、化解教学难点，提高教学质量和效率，有助于发展学生的创新思维。自制教具在幼儿数学教育活动中极其重要，它可以灵活契合多种主题，从教师的实际需要出发，真正贴近课堂。本章主要介绍幼儿教具的定义与分类，幼儿园自制教具的定义与意义，幼儿园自制教具制作的基本原则，幼儿园自制教具设计与制作的基本过程，幼儿园自制教具的评价标准等内容，为制作幼儿数学教具提供理论依据。

学习目标

1. 了解幼儿教具的定义与分类。
2. 了解幼儿园自制教具的定义与意义。
3. 掌握幼儿园自制教具制作的基本原则。
4. 掌握幼儿园自制教具设计与制作的基本过程。
5. 掌握幼儿园自制教具的评价标准。

第一节　幼儿教具与幼儿园自制教具简介

　　使用幼儿教具可以为幼儿创设学习情景。教师引导幼儿动手操作教具，实现玩教合一，在满足幼儿好奇心的同时可以培养幼儿的综合能力。在日常教学活动中，幼儿教师根据教学内容制作的教具更易发挥作用，体现教具的价值。幼儿教具在某种程度上也有幼儿玩具的属性与用途，不同之处是教具的出发点更多是为了促进幼儿学习某种知识，玩具的出发点则是为了游戏锻炼。幼儿教具、玩具的功能相互融合，密不可分，两者有时候并无明确的界限。

一、幼儿教具简介

　　幼儿教具在幼儿的学习活动中起着重要的作用，教师在选择幼儿教具时要遵循《幼儿园教育指导纲要》的要求，根据《3—6岁儿童学习与发展指南》及幼儿园五大领域设计，充分展现学前教育"学习活动化，活动游戏化，游戏趣味化"的目标。

（一）幼儿教具的定义

　　幼儿教具是幼儿教师在组织幼儿教育活动中使用的以传播科学技术知识、教育幼儿为目的的实物，是幼儿教育活动中不可缺少的器材。它是借助一定的物质材料（如布、纸、太空泥、双面胶等），依据一定的设计要求，通过工业化生产或手工制作而成，集游戏、娱乐、竞赛、教育功能于一身的，可以促进幼儿身心健康发展的游戏娱乐教育工具。

幼儿教具的价值不在于价格的高低或材料的贵贱，而在于它具有早期教育、开发智力的作用。幼儿教具是幼儿在教学活动中的亲密伙伴。幼儿通过看、做、玩来认识事物，通过观察、思考来了解事物。通过摆弄教具，幼儿不仅可以了解所涉及的知识，更能激发自身的求知欲和动手动脑的兴趣，这是幼儿教育的重要途径。

幼儿教具与幼儿的成长和发展始终具有密切的关系。优秀的幼儿教具充分考虑了幼儿的年龄特点、学习特点，尊重幼儿的身心发展规律。因此，教师把教育目标物化到教具上，不仅可以有效地丰富幼儿课堂，激发幼儿的学习兴趣，扩大幼儿的视野，而且可以提高幼儿教学活动的质量，促进幼儿的智力开发和身心全面和谐发展。

（二）幼儿教具的分类

幼儿教具有不同的分类标准，包括按制作主体分类、按幼儿园五大领域设计分类、按制作材料分类、按功能分类。

1. 按制作主体分类

根据制作主体的不同，幼儿教具可分为幼儿园自制教具（见图3-1）和工业成品教具（见图3-2）。其中幼儿园自制教具又包括教师制作的教具和幼儿在教师的指导下制作的教具。

图3-1　幼儿园自制教具

图3-2　工业成品教具

2. 按幼儿园五大领域设计分类

《幼儿园教育指导纲要》将幼儿园的教育内容划分为了五大领域，分别为健康、语言、社会、科学、艺术。幼儿教具可据此划分为幼儿健康活动教具、幼儿语言活动教具、幼儿社会活动教具、幼儿科学活动教具和幼儿艺术活动教具。其中每个领域又可以进行细分，如幼儿科学活动教具包括自然环境认知教具、物品认知教具、科学现象认知教具和幼儿数学教具等，本章主要讲述幼儿数学教具在幼儿数学活动中的应用。此划分方法为幼儿园实施五大领域的教育提供了方便。

3. 按制作材料分类

根据制作材料的不同，幼儿教具可分为幼儿布艺教具、幼儿纸质教具、幼儿泥塑教具、幼儿木质教具、幼儿塑料教具等。制作幼儿教具所涉及的材料很多，材料的选择既取决于其发挥的不同的功能，又取决于幼儿的需要。

4．按功能分类

根据功能的不同，幼儿教具可分为体育类、角色类、科学类、建构类、益智类、表演类等。幼儿教具按功能划分时，考虑的是主要功能，因为很多幼儿教具并不是只有单一功能，而是具有多种功能。

二、幼儿园自制教具简介

幼儿园自制教具是相对于需要花钱购买的工业成品教具而言的，它是幼儿教育活动中不可或缺的工具，对幼儿的全面发展和综合能力的提高有着不可替代的作用。

（一）幼儿园自制教具的定义

幼儿园自制教具是教师依据教育目标，结合幼儿兴趣、发展需要和生活经验，自己制作或组织指导幼儿制作，或幼儿与教师、家长共同制作的教具。

大部分的幼儿园自制教具是由教师自己制作的，教师根据幼儿教育活动的内容及目标，主要选用布、纸、泥、木材等材料，以剪、画、缝、贴等多种方式制作而成。图3-3所示为救火英雄主题教具"勇敢的消防员"，是准幼儿教师根据救火英雄主题，采用废旧硬纸板、饮料瓶、太空泥等材料，以剪、画、贴、捏制等方式制作的幼儿数学教具。

图3-3 救火英雄主题教具"勇敢的消防员"

（二）幼儿园自制教具的意义

"寓教于乐"一直是人们对于教育，尤其是幼儿教育的理想。不论现代工业成品教具发展得多么成熟，都不能完全代替幼儿园自制教具。幼儿园自制教具在幼儿教学活动中具有重要的意义。

1．幼儿园自制教具具有教育针对性

幼儿园自制教具是教师遵循《幼儿园教育指导纲要》的要求，设计并制作的具有针对性

的教具。幼儿园自制教具的设计更贴近幼儿生活，不仅新颖有趣、各具特色，而且体现了教师的教育能力和职业素养。幼儿园自制教具集中展示了教师在日常工作中的创意设计。

幼儿园自制教具既能满足幼儿园上课的需要，又能投放到活动区域中，弥补工业成品教具的不足。

2．幼儿园自制教具能够激发幼儿的创造力

幼儿园自制教具具有直观性、形象性，能为幼儿提供想象的物质基础，可激发幼儿产生联想，活跃思维。幼儿在教师的启发下动手操作教具或参与制作教具，这个过程也是幼儿发现问题、解决问题的过程，可以激发他们探究的兴趣，培养其动手能力、想象力和创造力，丰富他们的生活和学习经验。

3．幼儿园自制教具可以促进幼儿全面发展

幼儿参与制作幼儿园自制教具的活动，对于幼儿的身心健康和全面发展都具有积极的意义。幼儿园自制教具为幼儿的学习提供了各种可操作的、具体形象的"概念框架"，为幼儿动手动脑、主动学习创造了有利的条件。其可操作和具体形象的特点能促进幼儿的学习和发展。幼儿园自制教具不仅可以最大限度地锻炼幼儿的记忆力、想象力、创造力，还可以为幼儿的自学创造条件，让幼儿在玩中学、在乐中做。

部分幼儿园自制教具选用了废旧材料制作，如废纸品、废布料、废木材、塑料瓶、泡沫、袜子、瓶盖等，不仅可以节约资源、废物利用，还可以引导幼儿爱护环境，培养幼儿的环保意识与节约精神。

4．幼儿园自制教具可以弥补教育资源的不足

幼儿园自制教具在取材上往往选用当地的自然材料或废旧材料，可以减轻幼儿园在购置教具方面的负担，从而有效弥补教育资源的不足，改善幼儿学习环境。幼儿园自制教具体现了厉行节约、勤俭办园的教育理念。

5．幼儿园自制教具具有灵活性、时效性

教师可以随时根据教学要求制作符合需要的教具，缩短制作周期，因此幼儿园自制教具具有灵活性和时效性。教师具有较高的制作教具的能力，对于幼儿接收、学习新的知识会起到非常重要的作用。

6．幼儿园自制教具有助于促进教师的专业化发展

根据幼儿游戏活动的需要和教学工作的需要自制教具，充分发挥教具的功能和作用，促进幼儿的学习和发展，是教师重要的专业技能。幼儿园开展自制教具活动，是推进素质教育、贯彻《幼儿园教育指导纲要》的具体表现。

第二节　幼儿园自制教具概述

教具制作是教师必须具备的专业能力，是教师的典型工作任务。掌握一定的教具制作技能，对学前教育专业学生的教育实践具有极其重要的意义。

一、幼儿园自制教具制作的基本原则

幼儿园自制教具应方便幼儿操作，符合幼儿的年龄段特点，因此教师在制作幼儿园自制教具时应遵循以下基本原则。

（一）简单、实用

真正好的幼儿园自制教具都是简单、实用的，这样才能被普遍推广，被真正运用到幼儿园的教育活动中。幼儿园自制教具在教育活动中得到充分利用，体现了它的使用价值。因此，教师在制作过程中不仅要注重外表美观，更要注重实用，不能让教具只是摆设。

（二）创新性高

幼儿园自制教具之所以能够弥补工业成品教具的不足，是因为其具有创新性。教师在设计和制作的过程中融入了很多新颖可行的想法，使幼儿园自制教具新颖有趣。教具好玩，幼儿喜欢玩，才能发挥教具的最大作用。教师天天跟幼儿在一起，幼儿的需求教师会第一个知道，因此，教师要做个有心人，随时记录自己的工作所想，充分开发、利用身边的材料。

（三）安全性强

幼儿年龄小，缺乏生活经验。为了保障幼儿的安全，幼儿园自制教具的材料应该绝对安全、无毒，制作的教具应该不易破损、无尖锐棱角且容易清洗消毒，可以反复使用。

二、幼儿园自制教具设计与制作的基本过程

幼儿园自制教具设计与制作的基本过程由若干个工作环节构成，但具体的环节数量和所包含的内容又因为教学内容的不同而有所不同，并不是一成不变的。一般情况下，制作幼儿园自制教具大体包括以下环节。

（一）构思

构思主要指通过想象，从教具的用途出发，对教具的功能、造型、结构、材料、色彩等因素进行思考，结合幼儿教学活动目标进行计划，是一种形象思维的过程。教师在构思的过程中要充分考虑教具的教育性与幼儿的主体作用。

（二）设计

设计是将构思明确化，绘制出效果图，针对教具大小、各部分的比例、结构等制订出可行的设计方案。设计是整个过程中非常重要的一环，教师可以不断修改、优化设计方案，以达到最佳效果。

（三）选材

选材即选择制作教具所需要的合适材料，在此环节中要注意考虑教具的安全性、可重复利用和废旧材料的应用。幼儿年龄小，所以使用的材料必须安全、无毒；要想重复利用制作出的教具以发挥其最大的作用，就需要使用结实耐用的材料；而如果利用废旧材料，那么不仅节约成本，还可以培养幼儿的节约意识与环保意识。

（四）制作

教师需要选择合适的工具，运用手工制作技巧完成教具的制作。制作方法根据材料的不同也会有所不同。教具的制作不强调复杂，而是要遵循科学性和安全性的原则。例如，教具不能有漏出钉子、铁丝切口等尖锐的地方，木质材料的教具表面要处理光滑，防止刺伤、划伤幼儿；教具要制作得精细、牢固，利于幼儿多次重复操作。

（五）装饰

教师通过粘贴、涂绘等手法对教具进行美化装饰，增强教具的美感。"爱美之心，人皆有之。"爱美是幼儿的精神需要，自制教具在装饰过程中要注重色彩鲜明、形象生动、造型独特，便于吸引幼儿的注意。漂亮的教具不仅能激发幼儿的学习兴趣，还可以培养幼儿的审美意识。

三、幼儿园自制教具的评价标准

要想做好幼儿园自制教具，充分发挥出教具在幼儿教育活动中的作用，促进幼儿的学习与发展，教具的评价标准就显得极其重要。

（一）教育性

教具是幼儿在教育活动中的亲密伙伴，也是幼儿学习的重要资源，教育性是教具的基本特性之一。

1. 符合《幼儿园教育指导纲要》的精神

在不同的社会文化背景和不同的历史发展阶段，人们对于幼儿园自制教具的教育性可能会有不同的认识和理解。在当前我国幼儿园教育改革的背景下，评价幼儿园自制教具的教育性，应当从是否符合《幼儿园教育指导纲要》的基本精神来衡量，目的明确，"做"与"用"相结合。

2. 具有一定的教育功能

幼儿园自制教具的教育性，还应当体现在根据幼儿园的课程目标和内容来考虑自制教具的功能，且要具有丰富教育手段的作用。教师在制作前要参考幼儿的实际认知水平及兴趣爱好特点，让制作出来的教具都能发挥出实际的作用，体现出幼儿园自制教具的教育性，注意避免为做教具而做教具的倾向。

（二）科学性

幼儿园自制教具包含一定的学习任务，它把抽象的概念具体化，让幼儿通过操作来学习和理解抽象的概念。因此，教师在制作教具时要注意教具结构与使用方法是否符合科学原理。

1．知识、概念、原理正确

教师在制作教具前，对于教具的构思、设计应该将知识、概念进行充分的结合，注重知识的准确表达。教具的设计要融入科学的元素，帮助幼儿拓宽视野，增强思维变向能力。

2．符合幼儿身心发展的特点和水平

幼儿园自制教具要符合幼儿身心发展的特点和水平，符合幼儿身心发展的客观规律以及幼儿自身全面发展的需要，这样才能从根本上促进幼儿的发展。在自制教具的过程中，教师要考虑教具所承载的知识、概念和原理是否是幼儿在学前教育阶段需要掌握的，幼儿是否能够真正理解这些知识、概念和原理，要注意避免幼儿园自制教具小学化甚至中学化的倾向。

（三）趣味性

幼儿园自制教具能够吸引幼儿的注意力对于开展教育活动来说非常重要，因此，趣味性是一个重要的评价标准。

1．能激发幼儿的兴趣

兴趣是学习最好的老师，幼儿园自制教具很重要的一个功能就是激发幼儿的好奇心，提升幼儿的学习兴趣。这就要求幼儿园自制教具的设计者、制作者以幼儿为中心，体现"童心""童趣"，而不是仅仅以成人的观点来制作教具。

2．来源于幼儿的生活

与幼儿生活相关的教具能最大限度地引发幼儿的共鸣，也更有助于配合教师开展各项活动，协助后续教育活动的开展。

3．符合幼儿的审美观念

富有趣味性的教具，必须符合幼儿的审美观念。教具首先要在色彩、造型等外观因素上受到幼儿喜爱，其次要在玩法上激发幼儿的活动兴趣，做到操作过程有趣、具有可探索性。简而言之，富有趣味性的教具要"好看又好玩"。

（四）创新性

幼儿园自制教具的创新性主要表现在以下两个方面。

1．构思新颖

制作幼儿园自制教具的初始目的是弥补工业成品教具的不足，教具制作的过程中如果仅仅是模仿已有的工业成品教具，那么自制的教具将失去实际的价值，成为一种摆设。幼

儿园自制教具在外形、结构、使用方法及所用材料等方面要"独具一格"或能"推陈出新"。

2. 能激发幼儿的想象力和创造力

幼儿园自制教具在材料、结构、技术、功能等方面都要具有新意和明确的特点。一般来说，形象的、具有探索性的教具更有利于激发幼儿的想象力和创造力。

（五）简易性

幼儿园自制教具不同于工业成品教具的地方，正在于其简易性。这种简易性表现在两个方面。

1. 就地取材

幼儿园自制教具的材料建议就地取材，充分利用废旧物品，选用的材料应当有利于环境保护。教师使用身边能利用的废旧物品进行制作，体现了幼儿园自制教具成本低廉的特点。

2. 制作方法简单、操作简便

幼儿园自制教具的制作方法并不追求复杂，而应注重制作方法简单、操作简便，且更新容易、补充方便，这样制作的教具才具有推广和普及的价值。

（六）安全性

对幼儿来说，教具的安全性是重中之重，教师应确保教具在使用、操作上不会对幼儿造成伤害。幼儿园自制教具的安全性具体体现在以下几个方面。

1. 符合国家相关标准及相关卫生要求

幼儿园自制教具在安全性方面的评价应当参照有关文件中教具制作的安全卫生要求和管理建议，不能有外显的可能性伤害及隐蔽性伤害，选用的材料及教具的外形结构设计、制作和使用方法等都要保障幼儿的身心健康。

2. 材料安全、环保

幼儿园自制教具所用的材料不应含有有毒物质，不应使用受过污染的材料。幼儿园自制教具往往较多地使用废旧材料，在使用前教师应当采取适宜的方法对这些材料进行消毒，确保其不会对幼儿的身体健康和安全造成不良影响。

3. 结构尺寸设计合理

幼儿园自制教具的体积不能过小，零配件要不易松脱，不能带有长线，以免幼儿因吞食而窒息，或因把零配件塞入耳鼻中和因长线缠住脖子、绊倒而造成意外伤害。幼儿园自制教具要考虑制成品的大小和质量。教具的大小以适合幼儿把握为宜，过大或过小的教具都不适合幼儿。

4. 充分考虑使用过程中可能出现的安全状况及问题

幼儿园自制教具所用的材料和制成品不能有可能割伤或刺伤幼儿皮肤或眼睛的尖锐的

角、锋利的边缘，或有可能夹住幼儿手指、头发或皮肤的裂缝。填充类自制教具应注意采用质量较好的填充材料和不易破裂的表面材料，缝制要牢固，避免因表面破裂而造成填充物被幼儿误食，最好不要选用长毛绒等材料制作教具。

课后思考

1. 幼儿园自制教具的特点有哪些？
2. 作为一名准幼儿教师，你怎样才能设计并制作出优秀的幼儿园自制教具？

第四章

幼儿数字学习

识数是幼儿数字学习的基础，而幼儿数字学习不仅包括识数，还包括理解数字的含义、顺序、单双数、计数等内容。

学习目标

1. 了解数字的起源，数字的含义、特性和幼儿数字概念的发展规律。
2. 掌握幼儿数字学习的内容和实现方式。
3. 能够灵活融入各种主题，以理论知识为基础进行教具的设计。
4. 以教具为载体，组织一堂幼儿数字学习活动课。

第一节 数字与计数

数字的内涵丰富，幼儿数字学习主要针对自然数，且要符合幼儿的认知发展规律。

一、数字概述

数字是数学的基本符号，是人类在长期的实践活动中为了方便日常生活和使用、被赋予了特定意义的符号。

（一）数字的起源

数字是人们用来表示数的一种抽象符号。最初，人们用结绳、刻契等方式表示数；后来，人们创造了数字。早在原始时代，人们在生产活动中就注意到了一只羊与许多只羊、一头狼与整群狼在数量上的差异，并随着时间的推移慢慢产生了数的概念。人们最早利用自己的10根手指头来记数；当手指头不够用时，人们开始采用"石头记数""结绳记数""刻痕记数"。在经历了数万年的发展后，大约5000多年前，才出现了书写记数及相应的记数系统。早期的记数系统包括古埃及象形数字、巴比伦楔形数字、中国甲骨文数字等。

阿拉伯数字是现今使用的国际通用数字，但阿拉伯数字并不是阿拉伯人发明的。它是由古印度人发明的，后由阿拉伯人传向欧洲，之后再经欧洲人将其现代化。阿拉伯人的传播是该种数字最终成为国际通用数字的关键，所以人们称其为"阿拉伯数字"。尽管后来人们知道这是一个"美丽的误会"，但是阿拉伯数字的名称仍然沿用了下来。

阿拉伯数字由0，1，2，3，4，5，6，7，8，9共10个计数符号组成，采取位值法，高位在左，低位在右，从左往右书写。

（二）数字的含义

学前教育阶段学习的数字主要是自然数。自然数可以用于计量事物的数量或表示事物的次序，也就是对应基数和序数的概念。

1. 基数

基数是表示数量的自然数，主要用来表示"多少"的概念。例如，基数可用来回答"盘子里有多少个苹果？""一只手有几根手指头？"一类的问题。

2. 序数

序数是表示次序的自然数，主要用来表示"先后"的概念。例如，序数可用来回答"小明在比赛中得了第几名？""从左边数小红排在第几个？"一类的问题。

（三）数字的特性

数字作为人类社会交流的基本数学符号，具有特殊的性质。

1. 排列有序性

数字是按照一定的规律有序排列的。最小的自然数是"0"，表示什么也没有。之后的自然数按照"$n+1$"的规律有序排列，并按照规律在"个""十""百""千""万""十万""百万""千万""亿"等数位上进行进位、退位，从而实现数字符号的变化，以表示不同的数学意义。自然数有最小值"0"，却没有最大值，它可以按照数字的进位规律一直排列下去。

2. 可运算性

数字与数字之间可以通过不同的运算方法来代表不同的意义。例如，加法、减法、乘法、除法的运算方法是各自不同的。

3. 数字本身的固有特性

数字本身具有很多与其他文字符号不同的特性，如大小性和奇偶性。

（1）大小性。数字本身可以用来表示大小。例如，在一般意义上，我们认为数字"9"比数字"6"大。

（2）奇偶性。数字本身有奇偶性，判断奇偶的方法就是数字是否可以被"2"整除，注意"0"也是偶数。在整个数字排列中，奇数和偶数是交替出现的。

二、计数概述

计数与识数是紧密结合在一起的，识数不仅仅是指认识数字，还包括掌握数字本身代表的意义。

（一）计数的含义

计数亦称数数，是算术的基本概念之一，指计算物体个数的过程。计数时，幼儿通常是用手指着物体，一个一个地数，口里一边念数，一边和所指的物体一一进行对应，这个过程称为计数。上述逐个计算物体的方法称为逐一计数；若按几个一群的方法计数，则称为分群计数。

（二）幼儿计数的特点

（1）幼儿在计数时较多遵循的是一一对应的原则，一个数对应一个物体。

（2）幼儿在学习计数的过程中不断强化数字概念，在意识中建立数字表示的数量与物体的对应关系。

第二节　幼儿数字学习概述

识数是幼儿接触数学的起始阶段，是幼儿数学的启蒙，也是培养幼儿数学兴趣的起点，对以后学习数学起到非常关键的作用。教师必须有丰富的理论知识，这样才能高水平地组织幼儿数学学习课堂。

一、幼儿数字概念的发展规律

幼儿作为成长的个体，其理解能力、接受能力等都是随着成长发育的过程而不断发展的。因此，教学内容要符合教学对象的个体成长规律。

（一）幼儿识数能力

幼儿识数能力的发展是一个连续的过程，具有阶段性的特点。

1. 基数的认知发展

幼儿认识基数不仅仅指能够读出对应的数字，还在于建立正确的基数概念。识读可以理解为一个简单的教授过程——教师领读，幼儿跟读，从而不断强化幼儿认识数字的能力。概念的建立则是一个稍微复杂的过程。当幼儿能够正确地用数字来表达关于基数的问题时，才能够说明幼儿理解了基数的概念。教授幼儿时，建议先从小的基数开始慢慢过渡到大的基数，当他们理解了基数的概念，后期大的基数即使不讲解他们也可以理解。

2. 序数的认知发展

序数的认知不仅仅指幼儿能够读出对应的数字，还在于建立正确的序数概念。由于基数在生活中的应用更为广泛，相比较而言序数应用较少，所以幼儿对序数概念的理解要晚于基数。在识数的过程中，幼儿要先从理解基数的概念开始学习，在基数的基础上再进行序数的学习。

（二）数字与数量间对应关系的建立

数字与数量间对应关系的掌握是建立在识读数字和理解数字概念的基础之上的。幼儿首先必须认识数字，不仅要能够按照顺序识读数字，还要能够单独读取数字。例如，单独拿出数字"6"，幼儿能够迅速准确地识读。然后通过各种教学活动，幼儿要能理解数字的含义，并将其与数量（顺序）对应。例如，拿出数字"9"，幼儿知道代表9个物体；跑步活动中，幼儿能够用数字表达某人获得第几名。

（三）用符号记录数字的能力

用符号记录数字的能力是数字与数量间对应关系建立之后，幼儿对于数字的进一步理解认知。远古时代，人们用绳结、石块来记录数字，这是数字记录的直观形式。用符号记录数字是经过抽象之后的记录方式，更加简洁，促进了数学的发展。幼儿用符号记录数字的能力也有一个发展的过程，通常由图像阶段（如带有颜色的接近物体实际形状的图画）进入图符阶段（如竖线、点、三角形等），最后进入符号阶段（如数字）。

二、幼儿数字学习的内容

幼儿数字学习的内容是幼儿数学教学的基础，科学的内容符合幼儿的身心发展规律，能够为幼儿奠定数学启蒙基础。

（一）识读数字1~10

小班：识读数字1~4。单独展示1~4的任意数字，幼儿可熟练识读。

中班：识读数字1~10。单独展示1~10的任意数字，幼儿可熟练识读。

大班：可以倒数数字1~10。单独展示1~10的任意数字，幼儿可以该数字为起点熟练倒数；识读数字的数量可适当扩展。建议加入适当的书写练习，做好幼小衔接。

（二）理解基数、序数的含义

小班：初步建立1~4的基数、序数的概念。

中班：学习10以内的基数、序数并理解其含义。幼儿可以用数字准确地表达物体数量，可以熟练地用序数表示序列中物体的位置。例如，在一排苹果中，教师随意指定一个，幼儿可以回答这个苹果排在第几位。

大班：能够进一步理解、掌握基数和序数的含义。

（三）掌握数的顺序

小班：能够掌握1的后边是2，2的后边是3。

中班：掌握相邻两数的概念差别，即前面的数比后面的数少1，后面的数比前面的数多1。

大班：掌握一个数有两个相邻数，并以10以内的数字为主，做适当扩展。

（四）掌握数的分解

小班：通过教师指导实物摆放对照的形式，可以理解不超过数量4的一组物体能够分成两部分。

中班：通过自主实物摆放对照的形式，可以理解不超过数量4的一组物体能够分成两部分，并且可以用多种方式分解一组物体。

大班：能够用数字符号抽象表示实物数量，并且能够将一个数字符号分解为两个数字符号（大于1、小于10的数字符号）。

（五）理解数所代表数量的本质意义

小班：通过教师指导实物摆放对照的形式，能够不受物体大小和排列顺序等外在因素的干扰，掌握4以内的数所代表数量的本质。

中班：通过自主实物摆放对照的形式，能够不受物体大小和排列顺序等外在因素的干扰，掌握4以内的数所代表数量的本质。

大班：通过自主实物摆放对照的形式，能够不受物体大小和排列顺序等外在因素的干扰，掌握10以内的数所代表数量的本质。

（六）区别单双数

区别单双数的学习内容是建立在幼儿掌握了10以内基数的知识基础之上的，学习单双数的对象是大班幼儿。

学习时，第一个要求是让幼儿知道1、3、5、7、9是单数，2、4、6、8、10是双数。第二个要求是通过教师讲授、幼儿动手操作等方式，让幼儿理解2以上双数表示的物体的数量是可以两个一组分组的，1以上单数表示的物体的数量在两个一组分组后还剩余一个。

（七）学会计数

小班：教师带领幼儿用手指着物体一个个点读10以内的数字。

中班：幼儿自主点读10以内的数字。

大班：适当扩展，幼儿自主点读100以内的数字。

三、幼儿数字学习的实现方式

根据幼儿自身的发展规律，教师要采取适当的方式来实现幼儿数学课堂学习目标。各种方式之间并无严格的分界线，教师可以根据小班、中班、大班分类灵活教学，或者在同一层次班级中采取分层教学。

（一）朗读数字

朗读数字就是通常意义上的口头数数，是幼儿数学学习起始阶段十分有效、常用的方法。朗读的初步意义在于幼儿能够熟练、机械地按照顺序读出数字，类似于顺口溜，是经过不断强化之后在幼儿大脑中留下的机械记忆。

（二）计数

计数是在朗读数字的基础上，对数学学习技能的进一步提升，是幼儿在认识数字后，将数字表示的数量与物体实际数量对应起来的一种学习方式。通过实物点读的方式进行计数时，幼儿需要一边数数一边用手指着物体一个一个点读，这可以锻炼强化幼儿手、眼、口的协调能力。一般认为，幼儿从中班开始可以通过点读的方法学习计数。

（三）物体与数字对应摆放

幼儿在认识数字并且建立了数字与实物之间的对应关系之后，可以根据物体数量摆放对应的数字，或者根据数字摆放对应数量的物体。小班幼儿一般不能准确地将物体与数字对应摆放。中班幼儿可以通过一个一个地增加或减少物体数量来实现对应数字的摆放。大班幼儿可以直接按照物体总体数量对应摆放数字。

第三节　幼儿数字学习任务实施

开展任务实施课能够更好地将幼儿数字学习的理论知识应用于实践，切实提高准幼儿教师的实际授课技能。准幼儿教师通过模拟课堂教学场景，能够为走上幼儿教师岗位后迅速实现角色转变，并在岗位上做出优异成绩，奠定综合技能基础。

学生在制作教具的过程中要综合考虑多种主题，并将主题融入教具制作中，帮助幼儿提升综合素质，并提升课堂效果。

一、提出任务

准备一节幼儿数字学习活动课。

（一）基本要求

（1）教授幼儿认识数字1～10。

（2）教授幼儿掌握数字与实物数量之间的对应关系。

（3）运用蒙氏教学理论，结合手工、绘画、活动设计、幼儿口语，设计制作教具，完成教学设计、教学展示。

（二）提升要求

（1）考虑幼儿的心理特点，结合生活实际，从教具的颜色、卡通形象的加入、有趣故事的融入等方面提升教具的趣味性和实用性，提升课堂效果。

（2）在数学教学过程中，本着提升课堂效果的目的，教师可以适当扩充教学目标。

二、任务准备

（1）教师指定分组或学生们自由组合（4人一组为宜）。

（2）教师结合示例教具进行讲解，启发学生的制作思路。

（3）学生以组为单位对教师讲解的示例教具进行研讨，充分了解每个示例教具的制作思路和创新点，并查找相关资料，确定本组的教具制作方案（教具制作方案表附后）。

（4）学生准备教具制作材料（太空泥、卡纸、折纸、皱纹纸、彩笔、彩铅、剪刀、胶水等）。

三、任务实施

（一）制作教具

各组学生填写教具制作方案表，并根据教具制作方案表选择适合本组的材料进行制作。

（二）教学设计

结合制作好的教具，各组学生完善教学活动设计方案（教学活动设计方案表附后）。

（三）教学展示

以小组为单位，根据教学活动设计方案表，一位学生扮演教师（根据教学活动设计，可以有助教等角色），其他学生扮演幼儿，运用制作的教具完成5～10分钟的教学展示。

（四）评价反思

教师组织学生自评、小组互评，教师总结评价本节幼儿数字学习活动课的课堂效果，并提出改进意见。

四、任务实施示例

下面我们用6个详细示例为大家提供更加直观的参考素材。学生们在参考示例活动时要重点思考示例能够实现的教学目标和教具制作的创新点，以便为本组教具制作方案、教学活动的设计提供思路。

示例一

1. 活动名称

中班数学活动："自然奥秘之毛毛虫"。

小组成员：A、B、C。

分工：A负责解说，B、C负责手工制作。

2. 活动目标

① 让幼儿能够识读数字1～10，并理解数字与数量的对应关系。

② 让幼儿了解毛毛虫的蜕变过程，提高幼儿的观察能力。

③ 制作新颖有趣的教具，增强幼儿对数字学习的兴趣。

3. 活动准备

（1）知识准备

① 牢固掌握本章第一节、第二节的内容。

② 查阅相关资料，自主学习毛毛虫蜕变的科学知识。

（2）物质准备

① 准备素描纸、硬纸板、瓶盖、卡纸、彩笔、皱纹纸、剪刀、双面胶、油画棒等。

② 取两张硬纸板，用剪刀将其裁成形状一样的长方形；把第一张硬纸板从中间划开，再用双面胶把两张硬纸板的两侧粘到一起。

③ 用彩笔在瓶盖上画上数字，并在两张硬纸板上分别画出毛毛虫封面及毛毛虫的蜕变过程。

④ 把硬纸板上画的小洞的位置裁剪下来。

⑤ 用卡纸和油画棒制作毛毛虫说明书的封面。

⑥ 用皱纹纸将硬纸板的周围包裹一下，制作完成。

图4-1所示为制作好的"自然奥秘之毛毛虫"教具。

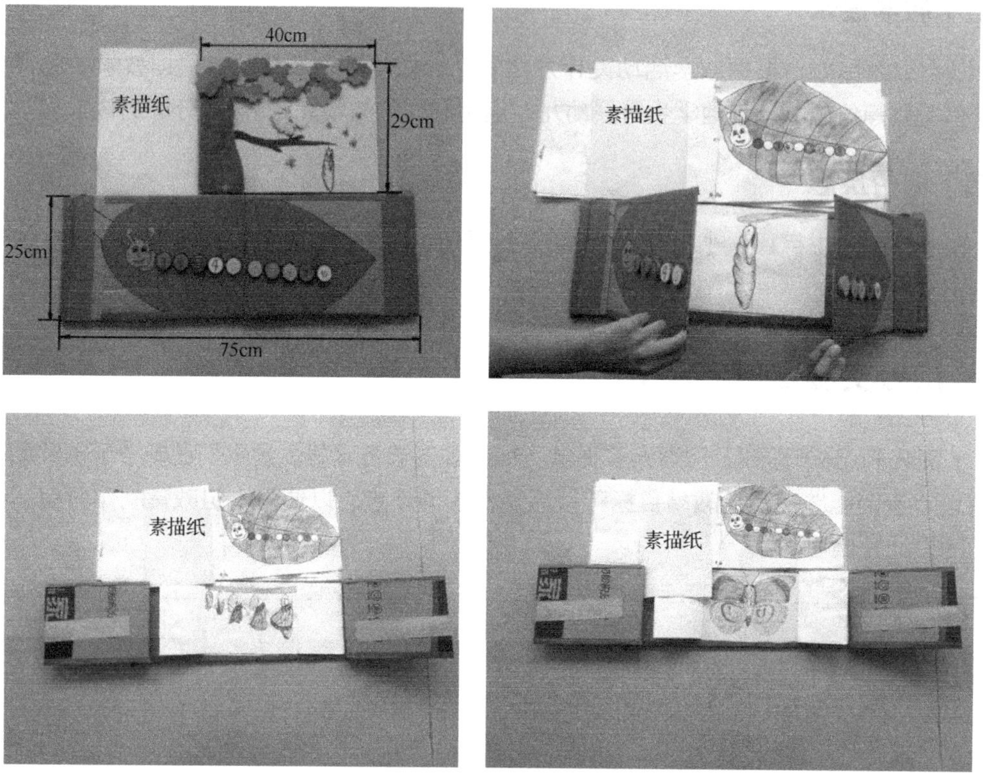

图4-1 制作好的"自然奥秘之毛毛虫"教具

4. 活动过程

（1）新课导入

打开蝴蝶的多媒体课件图片。

教师："在花瓣上，漂亮的蝴蝶正挥舞着翅膀，可你们知道吗，蝴蝶小时候竟是丑丑的毛毛虫。"

（2）示范玩法

教师："好多瓶盖啊！小朋友们，我们一起来认识一下瓶盖上的数字。"教师展示瓶盖，带领幼儿朗读数字。

教师和幼儿一起朗读瓶盖上的数字，并把瓶盖按从小到大的数字顺序排好。

教师示范使用毛毛虫说明书，给对应的数字找到对应的硬纸板小洞。

先看瓶盖上的数字，然后根据毛毛虫说明书把瓶盖放到对应的硬纸板小洞上。例如，瓶盖上的数字为1，就把瓶盖放到第一个小洞上。

经过多次演示，瓶盖摆放正确之后，教师带领幼儿打开毛毛虫纸板，出现毛毛虫的蜕变过程，毛毛虫最后变成一只美丽的蝴蝶。

（3）游戏竞技

教师打乱瓶盖摆放的顺序，让幼儿分组进行游戏竞技，看哪一组幼儿把毛毛虫的身体安放得又快又准确。

（4）总结回顾

教师总结本节课的数字知识并进行要点讲解，加深幼儿印象。教师拿起瓶盖一边讲解一边依次摆放。教师故意摆放错误数字次序的瓶盖，让幼儿发现错误并进行改正。

图4-2所示为师生在进行"自然奥秘之毛毛虫"教学展示。

图4-2 师生在进行"自然奥秘之毛毛虫"教学展示

5. 活动延伸

教师拿出几个瓶盖，教授幼儿瓶盖的颜色，让幼儿将相同颜色的瓶盖放到一起并计数。幼儿从中提炼以颜色为特征的集合概念。

6. 活动评价

本次活动在教具中加入了毛毛虫变成蝴蝶的过程图，不仅能让幼儿学习数字知识和自然科学知识，而且能让幼儿很好地参与活动，打造了活泼有趣的课堂。

7. 教具制作的反思改进

毛毛虫说明书的封面是用油画棒画成的，会把幼儿的手弄脏，而且毛毛虫纸板未制作支架，打开后有点不方便，瓶盖也容易掉落。活动中应该用马克笔绘制封面，并且制作支架，让教具在使用时能够保持一定的角度，防止瓶盖掉落。

示例二

1. 活动名称

大班数学活动："勇敢的消防员"。

小组成员：A、B、C。

分工：A负责解说，B画出模具，C负责裁剪模具并上色粘贴。

2. 活动目标

① 让幼儿能够识读数字1～10，并理解数字与数量的对应关系。

② 锻炼幼儿的动手能力和思维能力。

③ 培养幼儿正确的英雄观、价值观和学习兴趣。

3. 活动准备

（1）知识准备

① 牢固掌握本章第一节、第二节的内容。

② 查阅相关资料，了解消防员的故事，并学习相关幼儿消防知识。

（2）物质准备

① 准备画纸、KT板，太空泥、皱纹纸、硬纸板、剪刀、胶水、卡纸、饮料瓶等。

② 用太空泥做出消防员、松树，用硬纸板和皱纹纸做出小火苗、消防员头饰，用饮料瓶做出灭火器。

③ 在画纸上画出山的景色，并竖放KT板，用胶水将画纸和KT板粘在一起。

④ 做出与灭火器对应的数字卡片，制作完成。

图4-3所示为制作好的"勇敢的消防员"教具。

图4-3　制作好的"勇敢的消防员"教具

4. 活动过程

（1）新课导入

教师："小朋友们，你们知道如果失火了应该怎么办吗？今天我们来认识一下救火英雄吧。"教师讲授救火英雄的英勇事迹，吸引幼儿兴趣，导入新课。

（2）示范玩法

教师："小朋友们看，山上着火了，今天我们来做小小消防员和老师一起灭火吧，灭火器上标有数字几就能灭几团火。"教师展示带有数字的灭火器，进行灭火演示。

（3）游戏竞技

教师让幼儿分小组来扮演勇敢的小消防员，并指定数字，幼儿根据数字拿取对应的灭火器。

（4）总结回顾

教师总结本节课所涉及的知识，加深幼儿的印象。教师拿着数字卡片，与幼儿一起朗读数字，加强数字识读记忆。教师示范玩法的反向操作，拿出一定数量的火焰，让幼儿计数并寻找正确的数字。

图4-4所示为师生在进行"勇敢的消防员"教学展示。

图4-4 师生在进行"勇敢的消防员"教学展示

5. 活动延伸

教师可以播放火灾视频，描述火灾的可怕程度。教师可以向幼儿介绍消防员的光辉事迹，也可以讲授幼儿消防演练的相关知识。

6. 活动评价

本次活动制作使用了"勇敢的消防员"教具，能帮助幼儿学习数字的相关知识，并树立正确的英雄观和价值观，也让课堂变得更有趣。

7. 教具制作的反思改进

制作教具的材料有些粗糙，缺乏科技感；如果能够加入音效，幼儿会更感兴趣。

示例三

1. 活动名称

大班数学活动："点数配对胡萝卜"。

小组成员：A、B、C、D。

分工：A负责解说，B画出模具，C、D负责裁剪模具并上色粘贴。

2. 活动目标

① 让幼儿能够识读数字1～10，并理解数字与数量的对应关系。

② 提高幼儿的观察能力，培养幼儿的耐心与细心。

③ 培养幼儿对数字学习的兴趣。

3. 活动准备

（1）知识准备

① 牢固掌握本章第一节、第二节的内容。

② 学习小兔子吃胡萝卜的相关故事和歌谣，并将其应用到课堂中。

（2）物质准备

① 准备卡纸、彩笔、皱纹纸、剪刀、胶水等。

② 取两张卡纸。

③ 分别在卡纸上画出胡萝卜、胡萝卜叶子，并在胡萝卜上画出圆点。

④ 用剪刀剪下上一步画出的胡萝卜、胡萝卜叶子图形。

⑤ 分别用橙色、绿色、红色的彩笔给胡萝卜、胡萝卜叶子和圆点上色。

⑥ 在胡萝卜叶子上写上与圆点对应的数字。

⑦ 用皱纹纸和卡纸制作小兔子头饰和小篮子，制作完成。

图4-5所示为制作好的"点数配对胡萝卜"教具。

图4-5 制作好的"点数配对胡萝卜"教具

4. 活动过程

（1）新课导入

教师："菜园里的胡萝卜熟了，让我们一起提着小篮子去拔胡萝卜吧！大家一起来唱《拔萝卜》！"教师戴上小兔子头饰，拿着小篮子和幼儿一起唱儿歌。

（2）示范玩法

教师："好多胡萝卜啊！小朋友们，我们一起来认识一下胡萝卜叶子上的数字吧。"出示胡萝卜，教师带领幼儿指读1、2、3、4、5、6、7、8、9、10。

教师和幼儿一起数胡萝卜上的圆点，按从小到大的顺序把胡萝卜排好。

教师示范给胡萝卜配对找胡萝卜叶子。

先数好胡萝卜上的圆点，并找到对应数字的胡萝卜叶子，把胡萝卜和胡萝卜叶子粘在一起。例如，胡萝卜上有1个圆点，找到带数字1的胡萝卜叶子，将胡萝卜叶子粘到胡萝卜上。按照上面的方法依次配对其他的胡萝卜，这样可以让幼儿学习10以内的数字。

（3）游戏竞技

教师打乱胡萝卜的顺序并把粘好的胡萝卜叶子拿下来，给幼儿戴上小兔子头饰，让幼儿扮演小兔子，分组进行游戏竞技。

（4）总结回顾

教师总结本节课所涉及的知识，与幼儿一起朗读胡萝卜叶子上的数字。教师展示一组错误的胡萝卜和胡萝卜叶子配对，让幼儿观察是否出错，说明出错了小兔子就吃不到胡萝卜了。观察后，教师引领幼儿指出错误并进行改正，带领幼儿学习歌谣，加深印象。

图4-6所示为小组成员在进行"点数配对胡萝卜"教学展示。

图4-6　小组成员在进行"点数配对胡萝卜"教学展示

5. 活动延伸

针对现在一些幼儿不爱吃蔬菜的情况，教师着重介绍胡萝卜的营养成分，引导幼儿多吃胡萝卜，多吃蔬菜。

6. 活动评价

本次活动制作使用了小兔子头饰，在上课过程中让幼儿扮演小兔子，充分激发了幼儿兴趣，让幼儿能够很好地参与活动，提升了课堂效果，使课堂变得有趣。

7. 教具制作的反思改进

小兔子头饰制作的材料选取不合适，兔子耳朵容易弯曲，应该选用更硬的卡纸。制作胡萝卜的卡纸出现弯曲现象，也应该选取更硬的卡纸。胡萝卜和胡萝卜叶子容易脱离，若采用无纺布和魔术贴将胡萝卜和胡萝卜叶子粘在一起，效果会更好。

示例四

1. 活动名称

大班数学活动："数字宝宝找朋友"。

小组成员：A、B、C。

分工：A负责解说、写数字，B负责裁剪卡通图形，C负责用彩笔画画。

2. 活动目标

通过拼图游戏的形式，让幼儿认识数字1～10，并掌握数字与数量的对应关系，提高幼儿的学习兴趣，培养幼儿的动手能力。

3. 活动准备

（1）知识准备

① 牢固掌握本章第一节、第二节的内容。

② 学习各种拼图设计知识，并将其应用到课堂上。

（2）物质准备

① 准备彩色卡纸、勾线笔、彩笔、双面胶、剪刀、素描纸等。

② 把不同颜色的卡纸裁剪成大小相同的10张卡片。

③ 在每张卡片左侧依次写下数字1～10。

④ 在卡片右侧用彩笔画出幼儿生活中各种常见的物体，如草莓、苹果、星星等，注意每种物体的数量要与左侧数字相对应。

⑤ 用剪刀剪下所画物体，并用勾线笔加以装饰。

⑥ 将卡片上的数字端按不规则状剪下，并打乱顺序，制作完成。

图4-7所示为制作好的"数字宝宝找朋友"教具。

4. 活动过程

（1）新课导入

教师："小朋友们，老师今天带来了数字宝宝和它们的朋友，大家一起来玩吧。"教师出示教具，并与幼儿一起朗读卡片上的数字。

（2）示范玩法

教师首先让幼儿帮忙打乱数字卡的顺序。

图4-7 制作好的"数字宝宝找朋友"教具

　　教师示范给"数字宝宝"找朋友：先把数字卡按从小到大的顺序排好，再拿出图片卡，数一数图片卡上实物的个数，如1个草莓，放到数字卡"1"旁边；2个苹果，放在数字卡"2"旁边，以此类推。

　　在此过程中，注意让数字卡找到轮廓、物体数量相对应的图片卡，将它们分别拼接在一起。

　　（3）游戏竞技

　　教师打乱数字卡与图片卡，让幼儿分组进行配对比赛，看看哪组做得又快又好。

　　（4）总结回顾

　　教师表扬幼儿做得又快又好，并根据卡片内容对幼儿进行提问式回顾，如卡片上数量为7的是什么？卡片上的什么物体是红色的？一共有几种红色的物体？教师提问后与幼儿一起寻找正确答案。

　　图4-8所示为小组成员在进行"数字宝宝找朋友"教学展示。

图4-8 小组成员在进行"数字宝宝找朋友"教学展示

5．活动延伸

本节课除了学习数字以外，比较重要的是引导幼儿观察卡片不同的剪开方式，培养幼儿的观察能力，引导幼儿养成认真思考、细心观察的好习惯。

6．活动评价

本次活动能够提高幼儿的学习兴趣，在幼儿认识数字1～10的同时，数字拼图的形式也锻炼了幼儿的观察能力和动手操作能力。

7．教具制作的反思改进

这套教具材料均为普通纸质材料，不能满足重复多次使用的需要，下一步需要改进制作材料，采用更硬的卡纸或无纺布来制作教具。

示例五

1．活动名称

中班数学活动："送小章鱼回家"。

小组成员：A、B、C、D。

分工：A负责解说，B制作小章鱼，C制作小车，D制作小章鱼家的纸盒，粘贴小纸盒。

2．活动目标

利用"送小章鱼回家"活动，让幼儿认识数字，提高幼儿对数字的兴趣，培养幼儿的动手、动脑能力。

3．活动准备

（1）知识准备

① 牢固掌握本章第一节、第二节的内容。

② 学习章鱼的相关知识，在课上作为拓展内容讲授给幼儿。

（2）物质准备

① 准备多种颜色的太空泥和折纸。

② 分别用不种颜色的太空泥，捏出不同颜色的小章鱼。

③ 用与小章鱼颜色相对应的折纸折出纸盒，并写上数字，表示小章鱼的家。

④ 用太空泥捏出送小章鱼回家的小车，制作完成。

图4-9所示为制作好的"送小章鱼回家"教具。

图4-9　制作好的"送小章鱼回家"教具

4. 活动过程

（1）新课导入

教师讲述小章鱼的故事和相关知识："小朋友，老师今天带来了好多小章鱼，还有漂亮的小车。现在，让我们开着车把小章鱼送回家吧。"

（2）示范玩法

教师将小章鱼按颜色排列好，将小章鱼的家按数字从小到大的顺序排好，让幼儿识别小章鱼家上的数字。

数一数同一颜色的小章鱼有多少个，把同一颜色的小章鱼放到车上，送回相匹配的小章鱼家里。

（3）游戏竞技

教师将小章鱼分组，让幼儿分组完成送小章鱼回家的任务，看看哪组做得又好又快。

（4）总结回顾

教师总结本节课的内容，巩固数字知识。教师将小章鱼的顺序打乱，让幼儿挑出颜色相同的小章鱼。教师指某种颜色的小章鱼的家，问幼儿这个家里有几只小章鱼，并与幼儿一起寻找正确答案。

图4-10所示为小组成员在进行"送小章鱼回家"教学展示。

图4-10　小组成员在进行"送小章鱼回家"教学展示

5. 活动延伸

按照颜色让幼儿进行小章鱼的集合摆放，锻炼幼儿根据某种特征提炼集合概念的能力。教师摆放几组数量相同的小章鱼、几组数量不同的小章鱼，让幼儿找到数量相同的小组。教师随机拿同组的两只小章鱼，引导幼儿观察同组小章鱼的相同之处和不同之处，锻炼幼儿的观察能力。

6. 活动评价

本次活动培养了幼儿的专注力，锻炼了幼儿动手和动脑的能力，也提高了幼儿对颜色和数字的认知能力。

7. 教具制作的反思改进

小车如果加上车轮会更加完美，纸盒如果折得美观一些也会更好。

示例六

1. 活动名称

大班数学活动："小猴摘桃子"。

小组成员：A、B、C。

分工：A负责解说、做小猴的面具，B负责画大树、桃子，C负责折篮子。

2. 活动目标

利用"小猴摘桃子"活动，让幼儿在活动中体验数学带来的乐趣，激发幼儿对数学学习的兴趣。

3. 活动准备

（1）知识准备

①牢固掌握本章第一节、第二节的内容。

②学习小猴摘桃子或孙悟空的相关知识，在课上作为拓展知识给幼儿讲授。

（2）物质准备

①准备硬纸板、画纸、彩铅、A4彩色复印纸、双面胶、剪刀、小刀、勾线笔等。

②小猴面具的制作：在画纸上画出小猴的卡通头像（共4个）；用彩铅给画好的卡通头像涂色；在硬纸板上画出小猴的头像轮廓并剪下来，画纸上小猴的卡通头像也剪下来；将剪好的卡通头像粘在硬纸板上，并用小刀把眼睛的位置割出小洞。

③大树的制作：在画纸上画出大树的树根、树干和树叶；用勾线笔勾出大树的轮廓，用彩铅给大树上色。

④篮子的制作：用A4彩色复印纸折3个篮子，并标上数字。

⑤桃子的制作：在画纸上画出桃子的图形，用彩铅给桃子涂上颜色；用剪刀分别把桃子剪下来，并在背面粘上双面胶，制作完成。

图4-11所示为制作好的"小猴摘桃子"教具。

4. 活动过程

（1）新课导入

教师戴着面具扮演小猴，并拿出其余教具。

（2）示范玩法

教师戴着面具，拿出标有数字的篮子，篮子上标有数字几，就在大树上摘几个桃子放到篮子里。摘完桃子后，将桃子从篮子里拿出，带领幼儿一起数桃子的数量，看看桃子的数量与篮子上的数字是否相符。

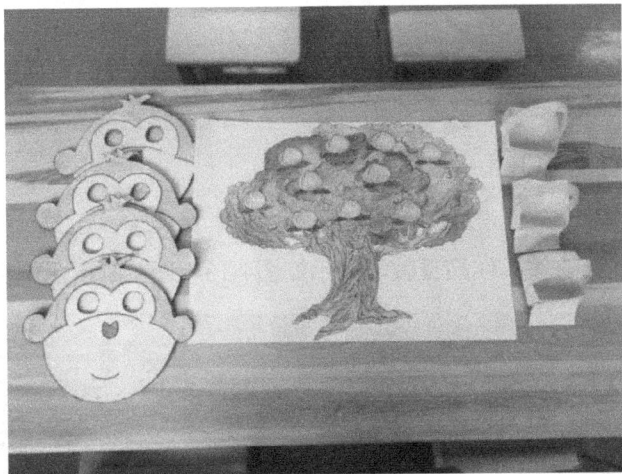

图4-11 制作好的"小猴摘桃子"教具

（3）游戏竞技

分小组完成游戏，让幼儿戴着小猴面具并拿着篮子摘下对应数量的桃子，看谁摘得又快又准确。

（4）总结回顾

教师总结本节课所涉及的知识，与幼儿一起将桃子一个个摘下并放进篮子里，然后再一个个贴到大树上，与幼儿一起学习数量与数字的对应关系。摘两次桃子，分别放进两个篮子里，然后将桃子放在一起数一数一共有多少个。

图4-12所示为小组成员在进行"小猴摘桃子"教学展示。

图4-12 小组成员在进行"小猴摘桃子"教学展示

5. 活动延伸

教师给幼儿讲孙悟空的故事，或者引导知道该故事的幼儿自己讲出故事，锻炼幼儿的语言表达能力，让幼儿了解中国四大名著，学习中国文化。

6. 活动评价

本次活动培养了幼儿遵守游戏活动规则的意识，帮助幼儿养成积极回答问题的好习惯，让幼儿在听故事的同时认识数字，体验数学带来的乐趣。

7. 教具制作的反思改进

活动道具数量少，道具尺寸也可以再大一些。

部分学生在课堂上的教具作品及教学展示如图4-13～图4-21所示，供大家参考。

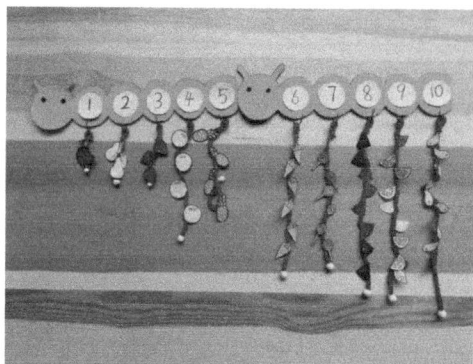

图4-13　好饿的毛毛虫

图4-14　水果与数字

图4-15　帮助动物数字回家

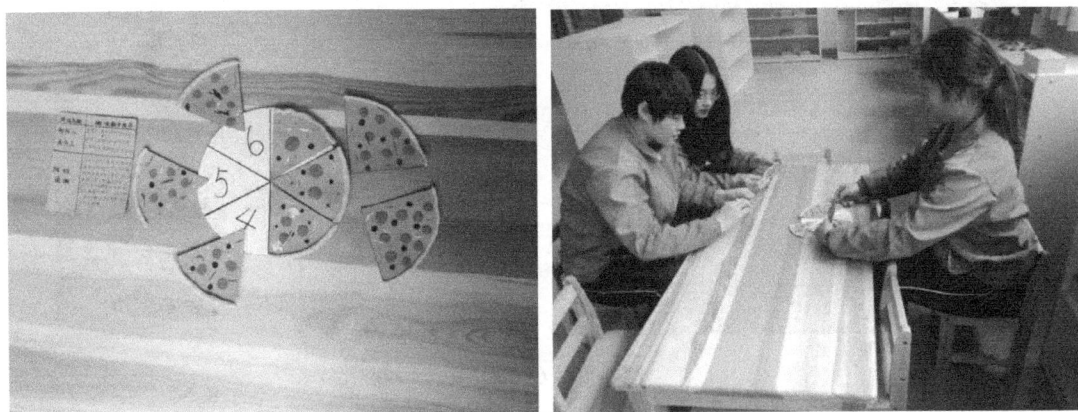

图4-16　趣味数学披萨

图4-17　数字圆片

图4-18　小狐狸开火车

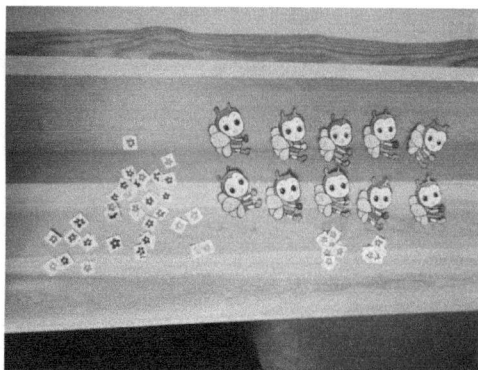

图4-19　小蜜蜂采花

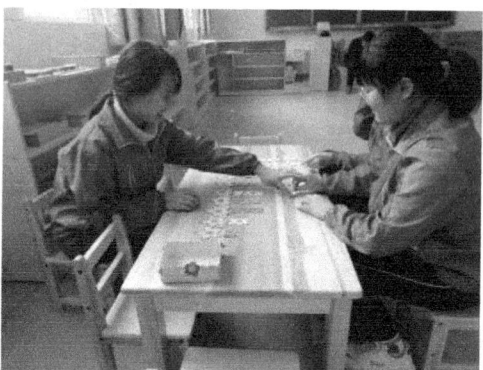

图4-20　蝶恋花

图4-21　小兔子采蘑菇

课后思考

1. 你掌握了几种教授幼儿数字知识的方法？思考一下，你还有其他教学方法吗？
2. 你觉得哪组教具最有创意，为什么？
3. 你对前文中的示例教具有更好的改进创意吗？

教具制作方案表

课本章节	
理论知识准备	【教师讲授】 【自主探索学习】
要实现的教学目标	
教具名称	

小组成员					
成员分工					

教具制作所需材料	
制作过程	
教具创新点	
课后反思	

教学活动设计方案表

活动名称	
角色扮演分配	教师： 幼儿：
活动目标	
活动准备	
活动过程	
活动延伸	
活动评价	
活动创新点	

第五章

幼儿算术学习

幼儿算术主要指幼儿通过一定的运算法则，对数字进行计算。计算能力是数学学习的重要基础能力，幼儿阶段计算能力的培养能为幼儿以后学习更复杂的数学奠定基础。幼儿算术要求教师从实物的加减开始教授幼儿理解数字计算的意义，并由实物计算向抽象数字计算过渡，是一个复杂的逻辑运算过程。幼儿算术主要指10以内的加减法运算。

学习目标

1. 掌握加减法的定义和幼儿算术能力发展的年龄特征。
2. 运用蒙氏教学理论，结合手工、绘画、活动设计、幼儿口语，设计制作幼儿算术教具，完成教学设计、教学展示。

第一节 算术概述

算术教学由数的分解组合开始，属于幼儿大班数学课堂的教学内容。

对数量关系的理解是算术学习的基础。算术有两种解释：一种是把算术解释为"结合法则"，即将两个元素结合成一个新元素的法则，如"1+1=2"；另一种是把算术解释为函数。幼儿算术涉及的是运算最基础的概念，也就是结合新元素的概念，主要指10以内的加减运算，因此，教师帮助幼儿理解加法和减法的定义、运算法则是十分关键的。

一、加法的定义和运算法则

加法即求和运算，指两个或两个以上的数的和的计算，符号表示为"+"，读作加号。进行加法运算时以加号将各项连接起来。在自然数列中，数a与数b的和是数c，可以用"$a+b=c$"来表示。例如，小宝有3个苹果，老师又给他1个苹果，现在他一共有几个苹果？

二、减法的定义和运算法则

减法指从一个数中减去另一个数的运算，或者已知两个加数的和与其中一个加数，求另一个加数的运算。表示减法的符号是"–"，读作减号，从一个数中减去另一个数，求剩余数，可用"$a-b=c$"表示（a为被减数，b为减数，c为差）。例如，小宝有3个苹果，给了老师1个，现在他还有几个苹果？

教师让幼儿理解加法和减法的定义，并理解两者之间的相互关系和区别，是十分重要的。各种计算方式都是基于幼儿对于文字表达的理解，幼儿只有理解了文字表达，才能正确计算。例如，"小宝有3个苹果，老师又给了他1个，现在小宝有几个苹果？"的计算方式不同于"小宝有一些苹果，他给了老师1个，还剩下3个，他以前有几个苹果？"。教师在教学过程中，让幼儿进行角色扮演，实际参与活动，并将活动内容与文字表达进行对应，这种方式能有效地加深幼儿对文字的理解。

第二节　幼儿算术能力发展概述

幼儿算术实际是对数量关系的一种运用。幼儿在生活中已经有了对加减法的最早接触，虽然他们还不会计算，但已经遇到了许多实际运用加减法的例子，这些例子对于幼儿学习加减法有着十分重要的意义，为幼儿理解运算法则奠定了重要的基础。

一、幼儿算术能力发展的意义

幼儿学习算术的重要意义在于，一方面能够训练思维，算术是个抽象的过程，学习算术的过程其实是训练思维的过程，特别是训练抽象逻辑思维；另一方面，算术能力的增强在一定程度上代表着幼儿解决问题能力，特别是用数学方法解决问题的能力在增强，也就是说，学习算术可以培养幼儿解决问题的能力。

（一）幼儿加减运算学习的过程

幼儿算术能力的发展具有从具体到抽象的特点，反映了幼儿抽象思维逻辑的逐渐发展。幼儿加减运算学习的过程主要表现为动作水平的加减、表象水平的加减、概念水平的加减。

动作水平的加减是指幼儿根据实物或图片等材料，借助合并、分开等动作进行运算，这是具体动作水平的加减。幼儿在这个时期必须借助材料，通过演示动作或进行具体的操作（如掰手指）才能进行加减运算。表象水平的加减指幼儿可以在头脑中依靠对物体的形象化再现、依靠物体的表象进行运算，逐渐摆脱直观动作。这个阶段幼儿还需要借助图片等静态的形象进行运算，逐渐过渡到脱离具体形象，以生活情节唤起头脑中的表象活动，从而达到对数量关系的理解并进行运算。表象水平的加减是幼儿学习加减法的主要手段。真正摆脱具体形象、完全依靠抽象符号进行运算则要求幼儿达到概念水平。概念水平的加减即数群概念水平的加减，也称为抽象水平的加减，是指幼儿无须依靠实物或表象作为媒介，直接运用抽象概念进行运算。

（二）幼儿算术能力发展的年龄特征

幼儿算术学习具有抽象性的特点，因为具有一定的难度。不同年龄段的幼儿由于生理发展水平不同，所能接受的数学知识是不同的，教师只有掌握幼儿的年龄特征，才能达到更好的课堂效果。

1. 小班

小班的幼儿几乎不会进行抽象的算术，也不能理解算术的含义，但是可以通过实物的合并或分开，然后利用点数得出结果。小班的幼儿一般只能点数5以内的物体数量，并且可以说出总数。

2. 中班

幼儿进入中班后，能借助动作将实物合并或分开从而进行运算，但是这种运算仍不能脱离实物。中班幼儿基本可以点数10以内的物体数量，并且点数的速度和准确度大大提高，表现出初步运用表象进行加减运算的能力。

3. 大班

大班的幼儿可以利用表象进行加减，多数幼儿不用摆弄实物，而用眼睛注视实物，便可以在心中默默地进行加减。

值得注意的是，幼儿普遍感觉算术减法的学习难度会大于加法，因此教师在进行算术教学时，要注意循序渐进并用实物进行演示。

（三）幼儿算术教学注意事项

1. 正确把握幼儿算术教学目标

针对幼儿的实际情况，幼儿算术教学需要引导幼儿对客观世界的数量关系及空间形式进行感知，通过观察、发现、动手操作等活动进行探究，帮助幼儿掌握算术概念，发展幼儿的算术思维。

2. 培养幼儿的数学心智

人在出生时就有的对数的概念，可以从婴儿有规律的生物钟、情绪及动作中看出，如每天定时吃奶、睡觉。如果外因改变了这种规律，婴儿就会烦躁、哭闹。我们结合蒙氏教学，发现人天生具有追求"秩序"与"精密"的心智，这种心智被称为数学心智。数学心智中的这两种精神力量必须在教育工作中得到培养，这有利于幼儿学习算术。

3. 把握敏感期对幼儿进行数学教育

幼儿在不同的年龄段有不同的敏感期，蒙氏教学中，数学逻辑能力的萌芽大概出现在1～3岁的"秩序敏感期"。在秩序敏感期，幼儿对事物之间的配对、分类与排序表现出特殊的兴趣。不仅如此，4岁左右的幼儿还对图形、数字等表现出了强烈的学习欲望。既然敏感期是幼儿接受教育的关键期，那么在数学学习关键期对幼儿进行有针对性的教育，提供合适的教具及教育环境，就能促进幼儿算术思维及数学能力的发展。在幼儿的数学启蒙教育中，教师如果错过了数学学习的关键期或采用了错误的方法，将会对幼儿未来的数学学习产生非常不利的影响，可能使其产生一种畏惧心理，进而难以将数学学好。

4. 掌握幼儿数学教育的方法

数学在生活中无处不在，教师通过适当的方法进行幼儿数学教育会取得事半功倍的效果。数学本没有那么神秘，数学教育也没有那么难，是畏难心理让我们觉得数学难。所以，教师必须认真思考幼儿数学教育中存在的问题，去实践和发展新的教育理念、科学的教育方法。幼儿是幼儿数学教育的中心，因此教师必须以幼儿为中心，采用合适的教具以获得更好的教育效果，并根据每个幼儿的心理特点、逻辑思考能力、兴趣、自控能力等给予及时、正确的指导。幼儿数学教育的方法是建立在科学的基础上的。

5. 综合教学体系

教师要善于从宏观视角总结教学体系，使之更加系统，从"点知识"到"线知识"，再到"面知识"。成体系的教学的效果要优于无秩序的教学。

二、幼儿算术学习方法

幼儿算术在内容上具有简单性，在学习方法上具有复杂性。幼儿算术的内容只是简单数字的加减，对于成年人来说非常简单，但是对于刚具备抽象思维能力的幼儿而言，则具有复杂性的特点。教师掌握幼儿算术教学的内容并不难，但是如何寻找合适的幼儿算术学习方法，提高课堂效率，打开幼儿数学思维，培养幼儿数学学习兴趣，为幼儿数学体系的建立打好基础，则需要教师进行深入研究。部分幼儿算术学习方法如下。

（一）实物分合点读法

幼儿在学习算术初期，主要依赖数实物、掰手指、画图等方法，用实物或图画来表示抽象的数字，进行实物数量的增加或减少运算。在运算过程中，幼儿主要采用点读的方法。教师在教学中要注意准备相应数量的实物，以便幼儿在课堂学习中使用。

（二）部分抽象法

部分抽象法指幼儿已经理解了较小的数字代表的数量含义，可以在个位数的基础上进行加减运算。例如，小宝有3个苹果，老师再给他2个，小宝一共有几个苹果？用实物分合点读法，幼儿要先数出3个苹果，再数出2个苹果，然后对整体进行1～5的点读，最后得出答案。用部分抽象法，幼儿直接在3的基础上进行加法运算，往后点读"4""5"，得到答案"5"。

（三）全部抽象法

全部抽象法指幼儿直接在头脑中进行简单运算，或进行物体数量的想象，脱离了实物摆放和逐个点读的过程。这种学习方法的掌握主要得益于幼儿算术经验的增长，他们对数的抽象理解能力增强，对于运算过程也有一定的机械记忆能力。随着算术经验的增长，幼儿进行加减运算的速度和准确度都会大幅度提升。

教师要根据不同的幼儿算术学习方法采取科学的教学方法，这样才能得到更好的教学效果。

第三节 幼儿算术学习任务实施

开展任务实施课能够更好地将幼儿算术学习的理论知识应用于实践，切实提高准幼儿教师的实际授课技能，模拟以后的工作场景，为以后走上幼儿教师岗位能够迅速实现角色转变，并在岗位上做出优异成绩，奠定综合技能基础。

学生在制作教具的过程中要综合考虑多种主题，并将主题融入教具制作中，帮助幼儿提升综合素质并提升课堂效果。

一、提出任务

准备一节幼儿算术学习活动课。

（一）基本要求

（1）让幼儿掌握10以内的加减法。

（2）锻炼幼儿的加减运算能力，促进幼儿数学思维的发展。

（3）运用蒙式教学理论，结合手工、绘画、活动设计、幼儿口语，设计制作教具，完成教学设计、教学展示。

（二）提升要求

（1）考虑幼儿的心理特点，结合生活实际，从教具的颜色、卡通形象的加入、有趣故事的融入等方面提升教具的趣味性和实用性，提升课堂效果。在幼儿刚开始学习加减法的时候，数量组合关系的学习是非常关键的，因为幼儿的抽象思维还没有形成，教师需要借助实物给幼儿做演示。

（2）在数学教学过程中，本着提升课堂效果的目的，教师可以适当扩充教学目标。

二、任务准备

（1）教师指定分组或学生们自由组合（4人一组为宜）。

（2）教师结合示例教具进行讲解，启发学生的制作思路。

（3）学生以组为单位对教师讲解的示例教具进行研讨，充分了解每个示例教具的制作思路和创新点，并查找相关资料，确定本组的教具制作方案（教具制作方案表附后）。

（4）学生准备教具制作材料（太空泥、卡纸、彩笔、剪刀、双面胶等）。

三、任务实施

（一）制作教具

各组学生填写教具制作方案表，并根据教具制作方案表选择适合本组的材料进行制作。

（二）教学设计

结合制作好的教具，各组学生完善教学活动设计方案（教学活动设计方案表附后）。

（三）教学展示

以小组为单位，根据教学活动设计方案表，一位学生扮演教师（根据教学活动设计，可以有助教等角色），其他学生扮演幼儿，运用制作的教具完成5～10分钟的教学展示。

（四）评价反思

教师组织学生自评、小组互评，教师总结评价本节幼儿算术学习活动课的课堂效果，并提出改进意见。

四、任务实施示例

下面我们用5个详细示例为大家提供更加直观的参考素材。学生们在参考示例活动时要重点思考示例能够实现的教学目标和教具制作的创新点，以便为本组教具制作方案、教学活动的设计提供思路。

示例一

1. 活动名称

大班数学活动："吃饺子"。

小组成员：A、B、C。

分工：A负责解说、折篮子，B、C负责制作太空泥零散部件及画小猪等。

2. 活动目标

① 理解10以内数字的实际意义，尝试将数字与实物数量进行匹配。

② 能够编写10以内的加减法应用题，增强运算能力。

③ 乐于参与数学活动，在活动中体验运用数学知识的乐趣。

3. 活动准备

（1）知识准备

① 牢固掌握本章第一节、第二节的内容。

② 查阅相关资料，了解关于饺子的习俗、谜语等。

（2）物质准备

① 准备卡纸、太空泥、剪刀、彩笔等。

② 用卡纸若干个折篮子。

③ 用太空泥制作数字1～10及符号"+""-""="。（教具准备数量与幼儿人数相等）。

④ 用太空泥制作卡通形象及若干个小饺子。

⑤ 在卡纸上用彩笔画出小猪的形象并用剪刀剪下来，制作完成。

制作好的"吃饺子"教具如图5-1所示。

图5-1　制作好的"吃饺子"教具

4．活动过程

（1）新课导入

教师："小朋友们，猜一猜今天午饭吃什么。老师来说一个谜语：前面来了一群鹅，扑通扑通跳下河，等到潮水涨三次，一股脑儿赶上坡。谜底就是香喷喷的饺子。

教师："你们喜欢饺子吗？饺子最喜欢会算术的小朋友了。一会儿饺子要和我们玩游戏，哪个小朋友算得又快又准，就可以用篮子把饺子带回家。"

（2）示范玩法

① 饺子真漂亮，看谁数得快。

教师："饺子们真漂亮，它们穿着不同颜色的衣服。数一数有几只红色饺子，几只绿色饺子，几只黄色饺子，几只紫色饺子……"

幼儿：数一数不同颜色的饺子的个数。

② 跳水运动会，看谁答得对。

教师："小朋友们，请用饺子扑通跳下水的声音来回答问题。请听题：跳台上，饺子们开始跳水了，1只红色饺子跳下去了，2只绿色饺子跳下去了，一共有几次扑通声？你来学一学饺子是怎么跳水的。（可以多举几个例子）

"为什么说'1+2=3'？对了，一共有3只饺子跳下了水。这道题用什么方法运算？请小朋友用数字道具演示一下，还可以怎样列式？"

幼儿：仔细观察，用数字和符号道具将算式摆出来。

（3）游戏竞技

教师在黑板上出题，幼儿根据题目摆放饺子，看看哪组完成得最快并且准确。

（4）总结回顾

教师总结本节课所涉及的知识，加深幼儿的印象。教师通过讲解关于饺子的习俗，并带领幼儿学习关于饺子的谜语，帮助幼儿了解传统文化。

图5-2所示为小组成员在进行"吃饺子"教学展示。

图5-2　小组成员在进行"吃饺子"教学展示

5. 活动延伸

幼儿带自己喜欢的饺子回家和爸爸妈妈分享，给爸爸妈妈出关于饺子的谜语，让爸爸妈妈猜。

6. 活动评价

本次活动以饺子为主题，帮助幼儿学习算术、了解中国传统文化，营造了家庭欢乐氛围。

7. 教具制作的反思改进

篮子和饺子有点小，应该制作得稍微大一些，以方便幼儿拿取。篮子应该用更硬一点的卡纸制作，以便多次使用。

示例二

1. 活动名称

大班数学活动："荷叶上的小知识"。

小组成员：A、B、C、D。

分工：A负责解说，B负责青蛙的制作，C、D负责剪纸。

2. 活动目标

① 用语言表述操作过程和结果。

② 熟练运用6以内的加减法将青蛙和荷叶进行匹配，解决游戏中出现的数学问题，锻炼思维的灵活性。

③ 能主动参与数学活动，并体验游戏中合作的快乐。

3. 活动准备

（1）知识准备

① 牢固掌握本章第一节、第二节的内容。

② 准备一个能够串联教具和课堂的有趣故事。

（2）物质准备

① 准备彩纸、黑色笔和剪刀。

② 用彩纸叠出5只青蛙，并用黑色笔给青蛙画上眼睛。

③ 用剪刀将彩纸剪出荷叶的形状，用黑色笔画出荷叶上的纹路。

④ 用彩纸剪出心形、圆形的小圆片，并写上数字。在荷叶上贴上6以内的数字，列明加减算式，并分别在5只青蛙上贴上数字。

⑤ 美化教具，制作完成。

制作好的"荷叶上的小知识"教具如图5-3所示。

图5-3 制作好的"荷叶上的小知识"教具

4. 活动过程

（1）新课导入

教师："小朋友们，老师今天带来了青蛙和荷叶，大家一起来玩吧。荷叶是青蛙唱歌的地方，我们看看青蛙都应该在哪片荷叶上唱歌呀？"

（2）示范玩法

教师："小朋友，我们一起来做青蛙找荷叶的游戏，帮青蛙找到属于它的荷叶吧！"一片荷叶上有一个算式，让幼儿计算并得出答案，教师拿起一只青蛙，根据答案找到对应的荷叶。

（3）游戏竞技

教师随机抽取一片荷叶，幼儿根据荷叶上的等式，看看哪组能快速且准确地算出正确答案。

（4）总结回顾

教师拿起荷叶，与幼儿一起计算荷叶上两个数字的和或差。注意计算减法时用大的数字减掉小的数字，强化幼儿对数字大小的认知。

图5-4所示为小组成员在进行"荷叶上的小知识"教学展示。

5. 活动延伸

让青蛙依次跳到加法运算的荷叶上，进行3个数字的连续相加，让幼儿体会累加的意义。

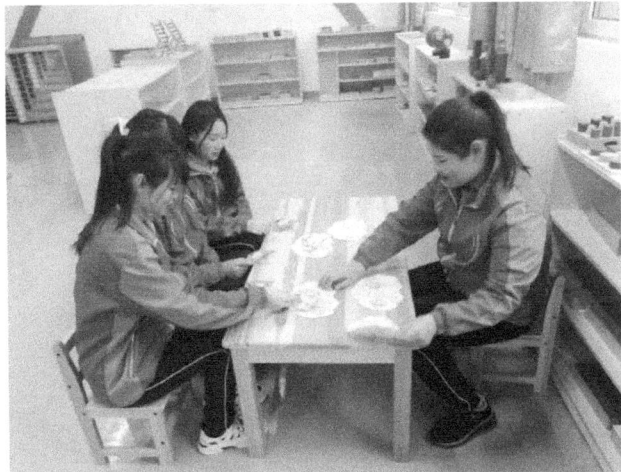

图5-4　小组成员在进行"荷叶上的小知识"教学展示

6. 活动评价

本次活动加强了幼儿对加法和减法的认知，充分调动了幼儿学习算术的积极性。

7. 教具制作的反思改进

制作的教具过于简单，加减符号太小且不明显。制作时注意数字、符号的大小要符合课堂观看的要求。

示例三

1. 活动名称

大班数学活动："数字宝宝找邻居"。

小组成员：A、B、C、D。

分工：A负责解说，B捏制数字，C、D捏制加减符号并进行装饰。

2. 活动目标

① 知道相邻数的概念，掌握0～9的相邻数。

② 在游戏中学习数学，体验游戏中合作的快乐。

3. 活动准备

（1）知识准备

① 牢固掌握本章第一节、第二节的内容。

② 准备一个围绕教具的可以串联课堂的小故事。

（2）物质准备

① 准备不同颜色的太空泥。

② 捏制数字0～9及"+""-"符号，并进行卡通化装饰。

制作好的"数字宝宝找邻居"教具如图5-5所示。

图5-5　制作好的"数字宝宝找邻居"教具

4．活动过程

（1）新课导入

教师："小朋友们，数字宝宝都有自己的邻居哦，跟着老师来找找数字宝宝的邻居吧！"

（2）示范玩法

教师将数字按照0～9的顺序摆放好，然后随机拿出数字"3"，再将数字"2"和"4"一起拿出来摆放在数字序列外，演示数字"3"的邻居。

（3）游戏竞技

发给幼儿1～10的数字，将它们摆在桌子上，教师拿出任意一个数字，请小朋友把它的相邻数找出来，看看哪个小朋友找得又快又准。

（4）总结回顾

教师通过带领幼儿为数字宝宝找邻居，让幼儿理解相邻数之间的排列关系，进一步拓展幼儿对数字的认识。

图5-6所示为小组成员在进行"数字宝宝找邻居"教学展示。

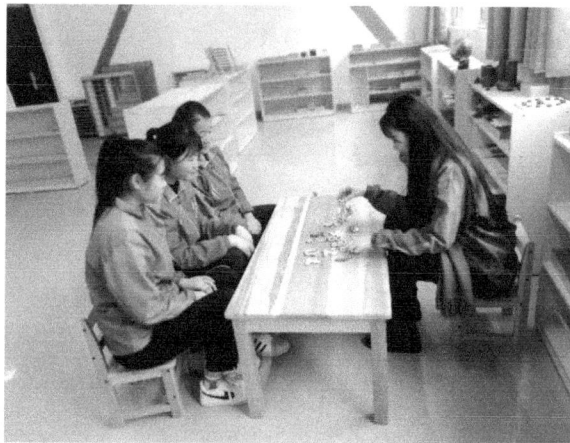

图5-6　小组成员在进行"数字宝宝找邻居"教学展示

5．活动延伸

教师摆放"数字宝宝找邻居"教具，让幼儿进行加减运算的学习。

6．活动评价

幼儿通过本次活动理解了相邻数的概念，在游戏中体验了合作的快乐，培养了合作意识与合作能力。

7．教具制作的反思改进

教具不太精致，也不太牢固，下次需要改进工艺和材料，让教具变得更加实用；制作一个专门盛放教具的盒子会更加合理。

示例四

1．活动名称

大班数学活动："数字找朋友"。

小组成员：A、B、C、D。

分工：A负责解说，B捏太空泥，C、D写数字、加减等符号并串起太空泥。

2．活动目标

① 巩固幼儿对数字的了解。

② 让幼儿认识数字并掌握加减法运算。

3．活动准备

（1）知识准备

① 牢固掌握本章第一节、第二节的内容。

② 对教具能够展示的多种算式组合做到全面掌握。

（2）物质准备

① 准备太空泥、铁丝、勾线笔。

② 拿出6种颜色的太空泥，将不同颜色的太空泥捏成椭圆形并晒干。

③ 用勾线笔在晒干的椭圆形太空泥上写上数字、加减等符号。

④ 用铁丝将椭圆形太空泥串成一串，制作完成。

制作好的"数字找朋友"教具如图5-7所示。

4．活动过程

（1）新课导入

教师："小朋友们，老师今天带来了一串数字糖葫芦，大家喜欢吗？"教师出示教具，并与幼儿一起朗读上面的数字。

（2）示范玩法

教师拿出制作好的教具，转动太空泥上的数字，让幼儿根据第一个和第三个太空泥上的数字算出第五个太空泥上的数字。教师多次演示，让幼儿能够掌握加减法运算并自己练习，直至能清楚地说出数字运算的结果，回答正确的小朋友被奖励一个制作好的小表情。图5-7所示为制作好的"数字找朋友"教具。

图5-7 制作好的"数字找朋友"教具

（3）游戏竞技

幼儿分组进行计算比赛，看看哪组做得又快又准。

（4）总结回顾

教师总结本节课所涉及的知识，巩固幼儿学习数字加减法的成果，对表现突出的小组和幼儿进行奖励。

图5-8所示为小组成员在进行"数字找朋友"教学展示。

图5-8 小组成员在进行"数字找朋友"教学展示

5. 活动延伸

幼儿将小表情作为激励，贴在自己的成长档案里。

6. 活动评价

本次活动帮助幼儿正确掌握了数字加减法运算，体验了数学学习的乐趣，培养了幼儿在游戏活动中的规则意识。

7. 教具制作的反思改进

椭圆形太空泥上的数字过多，展示时不清晰，可将形状改为正方体；铁丝容易误伤幼儿，应将铁丝两端用太空泥包住或将铁丝换成圆木棍。

示例五

1. 活动名称

大班数学活动："小驴吃汉堡"。

小组成员：A、B、C。

分工：A负责解说，B负责捏制小驴和画小驴吃汉堡的路线图，C负责制作剪纸和食物等。

2. 活动目标

① 幼儿能够根据数字找出其分解数字。

② 幼儿能够全面考虑数字的分解，找出多个分解答案。

3. 活动准备

（1）知识准备

① 牢固掌握本章第一节、第二节的内容。

② 对每个数字的分解情况做到全面掌握。

（2）物质准备

① 准备卡纸、太空泥、8K素描纸、双面胶、剪刀等。

② 拿出一张8K素描纸、多张卡纸，以及多种颜色的太空泥。

③ 在8K素描纸上用双面胶粘上多张卡纸，在卡纸下方制作两个口袋，用卡纸剪花朵及方形纸片，在纸片上写加减符号，并将纸片粘在卡纸上。

④ 在卡纸上半部分画小驴吃汉堡的路线图，用太空泥制作小驴、汉堡、路边的水果及装饰品。

⑤ 用另一种彩色的卡纸剪出圆形纸片，在纸片上写上数字，制作完成。

制作好的"小驴吃汉堡"教具如图5-9所示。

4. 活动过程

（1）新课导入

教师："小朋友们，平时有没有去吃汉堡？汉堡好不好吃呀？你吃的汉堡都有哪些口味？"激发出幼儿对本节课的兴趣后，紧接着，教师摆出教具。

（2）示范玩法

将小驴和汉堡分别放在起点和终点，让小驴顺着路线图找汉堡。路线图方框里写有数字，方框外有小驴在寻找汉堡路上的食物，小驴走到每一个方框中都可以吃到一种食物。幼儿需要在路线图下面的口袋里找出哪个数和哪个数相加或相减可以等于方框里的数，答对了可以让小驴前进，答错了则小驴在原地不动。小驴到达最后一个方框即可吃到汉堡。

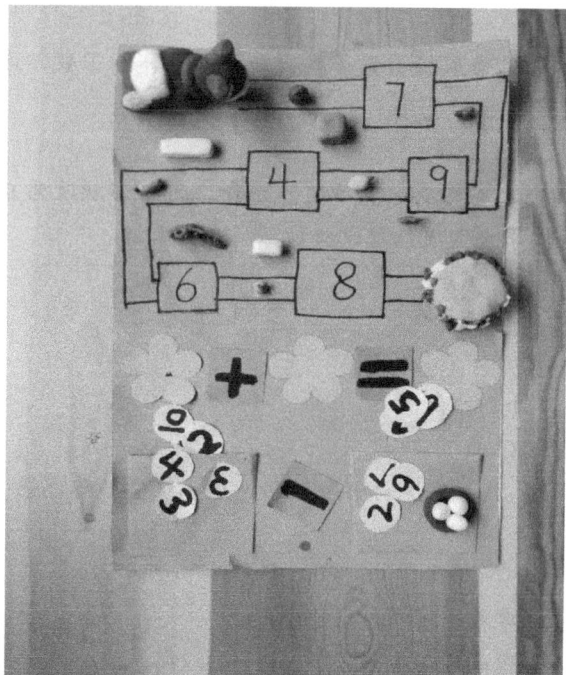

图5-9　制作好的"小驴吃汉堡"教具

（3）游戏竞技

幼儿进行分组竞赛，看看哪组的小驴吃到汉堡的速度快。

（4）总结回顾

教师回顾本节课所涉及的知识，看看哪组的小驴前进速度最快，推选出本节课的"优秀之星"。

图5-10所示为小组成员在进行"小驴吃汉堡"教学展示。

图5-10　小组成员在进行"小驴吃汉堡"教学展示

5. 活动延伸

幼儿自主替换口袋里的数字，然后对方框里的数字进行分解。

6. 活动评价

本次活动培养了幼儿的数学发散思维能力，幼儿可以自主替换数字进行数字分解，增强了幼儿对数学学习的兴趣。

7. 教具制作的反思改进

教具底板不够牢固，应该换成更厚的材料。数字纸片也偏薄，应该换成更厚的。路线图可以画得再长一点。

课后思考

1. 你认为幼儿在学习算术之前需要具备哪些方面的能力？
2. 幼儿算术学习与幼小衔接的关系是什么？
3. 示例教具中，你觉得最有创意的是哪组教具，为什么？

教具制作方案表

课本章节	
理论知识准备	【教师讲授】 【自主探索学习】
要实现的教学目标	
教具名称	

续表

小组成员					
成员分工					
教具制作所需材料					
制作过程					
教具创新点					
课后反思					

教学活动设计方案表

活动名称	
角色扮演分配	教师： 幼儿：
活动目标	
活动准备	

续表

活动过程	
活动延伸	
活动评价	
活动创新点	

第六章

幼儿平面图形认知学习

数学有两大构成要素，一个是数，一个是形。其中，"形"指的是平面图形和立体图形。"形"的认知对于幼儿来说十分重要，它不仅为幼儿提供了联结数学与真实世界的机会，培养了幼儿理解和解释世界所必需的空间能力，而且也是幼儿发展其他数学能力的桥梁和基础，有助于培养幼儿解决问题的能力。本章主要介绍幼儿平面图形认知学习。

学习目标

1. 掌握平面图形的基本特征和文化内涵。
2. 掌握幼儿辨识平面图形能力的特点。
3. 能够以理论知识为支撑进行各种主题的教具设计。
4. 能够以教具为载体，灵活组织生动、有趣的以平面图形认知为主题的幼儿数学活动课。

第一节　平面图形概述

平面图形的内涵丰富，其基本特征会影响幼儿对平面图形的辨识和组合，所以幼儿教师要掌握平面图形的基本特征和文化内涵。

一、平面图形的基本特征

平面图形的出现是由于人类生产生活的需要，是人们反复观察现实生活中的复杂事物，慢慢从复杂事物中归纳总结出来的。

图形指点、线、面以及它们的组合，而点、线、面的组合可以构成具有不同特征的图形，包括平面图形和立体图形两大类。平面图形主要展示了空间的长度和宽度，又被称为二维平面图形。接下来主要阐述以下几种平面图形的基本特征。

1. 三角形

三角形是由不同方向上的三条线段所围成的封闭图形，有三条边、三个内角。根据三条边的长短，三角形可以分为一般三角形（三条边都不相等）、等腰三角形（两条边相等，另一条边不相等）、等边三角形（三条边都相等）。根据三个内角的大小，三角形可以分为直角三角形、锐角三角形和钝角三角形。三角形如图6-1所示。日常生活中，我们经常见到具有三角形特征的物体，如三角尺、三脚架等。

2. 圆形

圆形由封闭的曲线围成，它是指在同一平面内，到一定点的距离等于定长的点的集合。圆形是轴对称图形，有无数条对称轴，且对称轴都是经过圆心的直线。日常生活中的圆桌、圆饼等表面都存在圆形。圆形如图6-2所示。

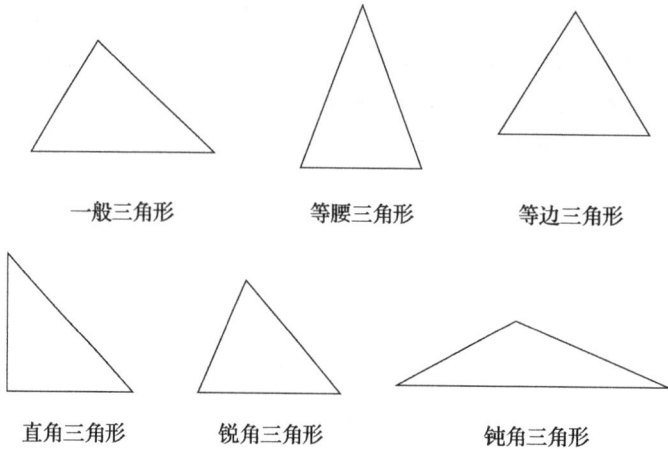

一般三角形　　　等腰三角形　　　等边三角形

直角三角形　　　锐角三角形　　　钝角三角形

图6-1　三角形

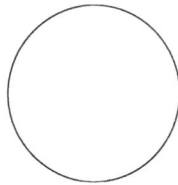

图6-2　圆形

3．四边形

四边形是由四条线段围成的封闭图形。长方形、正方形、平行四边形、菱形、梯形等都是四边形。

长方形有四条边，两组对边分别平行且相等；有四个角，四个角都是直角。

正方形有四条边，两组对边平行且四条边相等；有四个角，四个角都是直角。

平行四边形有四条边，两组对边平行且相等；有四个角，对角大小相等。

菱形有四条边并且都相等，对角线互相垂直且平分。菱形是轴对称图形，有两条对称轴。

梯形有四条边，一组对边平行而另一组对边不平行。其中，两腰相等的是等腰梯形。

四边形如图6-3所示。

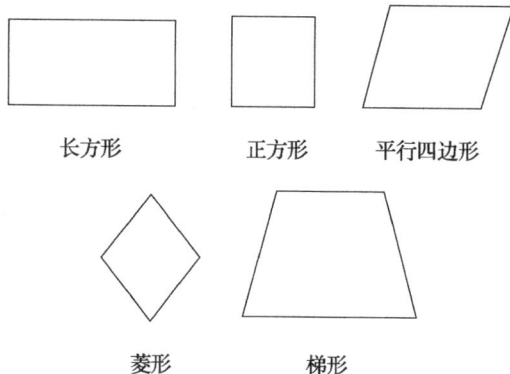

长方形　　　正方形　　　平行四边形

菱形　　　梯形

图6-3　四边形

4．椭圆形

椭圆形比圆形稍扁一些。若将椭圆形沿着横竖方向分别对折一次，测量其两条折痕，就会发现它们的长度不相同。在几何中，我们称这两条折痕为长轴与短轴。这与圆形的任何一条通过圆心的折痕都等长的特点是不一样的。椭圆形如图6-4所示。

5．五角星形

五角星形有五个凸出的顶点，这五个顶点按照一定规律分布于一个正五边形内。我们为了保证将五角星形绘制得美观和标准，可以先画一个正五边形，再进行各顶点之间的连接绘制。一般情况下，幼儿数学中的五角星形泛指有五个角的星星形状。五角星形如图6-5所示。

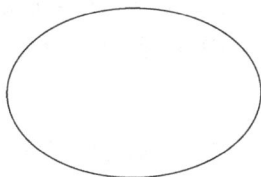

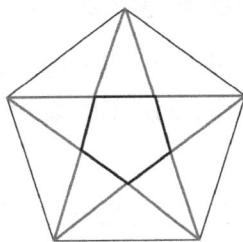

图6-4　椭圆形　　　　　　　图6-5　五角星形

二、平面图形的文化内涵

平面图形虽然形状看起来简单，但其内涵深刻。在装修设计、手工艺品制作等方面，人们对于平面图形都有着深入的研究和运用，使作品除了具备实用性之外，还能给人以美的享受。接下来主要介绍以下几种平面图形的文化内涵。

1．圆形

圆形象征着团圆、完美、和谐。例如，古代的玉佩、铜镜多为圆形，正月十五的月亮也呈圆形。

2．三角形

三角形因其本身具有稳定性，所以代表着稳固与权力。例如，人们用"铁三角"指三方的关系非常牢固可靠；埃及金字塔从正面看呈三角形，代表着至高无上的地位，俗语"金字塔塔尖上的人物"就是比喻在某方面很有成就的人。

3．正方形

正方形象征着平等、规范及正直。谈起正方形，人们就会想到公正无私、正义凛然等词语。正方形正是由于四条边相等，所以寓意着平等、规范，它的棱角则代表着正直。

第二节　幼儿平面图形认知的发展

生活中处处可见不同的平面图形，幼儿在正式学习平面图形之前，其实早已与现实生活中各种形状的物体有接触，这是他们认知周围世界的重要方法。随着年龄的增长，幼儿对平面图形的识别由简单到复杂，其平面图形认知的发展也呈现出一定的规律。

一、幼儿辨识平面图形能力的发展

任何事物的发生与发展都会遵循一定的规律。同样，幼儿在平面图形的认知学习方面也是有章可循的。幼儿认知平面图形是从识别图形、掌握概念开始的，这与数字概念的发展是一样的，遵循从简单到复杂、从具体到抽象的发展规律。

（一）平面图形概念的形成与发展

幼儿认知平面图形的过程实质上是形成概念的过程，这一过程要借助于实物，并遵循从具体到抽象的规律。幼儿平面图形概念的形成与发展主要经历以下3个阶段。

1. 等同阶段

幼儿认知平面图形的过程与生活环境具有密切的联系，幼儿会把平面图形与生活中的实物联系起来，并按他们所熟悉的实物对平面图形进行命名。幼儿常将平面图形与生活中的实物相混。例如，幼儿会指着圆形说是圆饼、镜子，指着长方形说是桌子、电视。由此可见，幼儿在最初学习阶段不能完全正确地认识和命名平面图形，特别是较难区分平面图形和立体图形。

2. 比较阶段

随着幼儿平面图形认知能力的不断提升，在这一阶段，幼儿能够区分平面图形与实物，并能对它们进行大小、颜色等的比较。

3. 标准阶段

幼儿能用平面图形的标准来衡量实物，并可以将大物件的结构中包含的多种形状分割开来，在大脑中形成抽象概念，将其一一对应到具体的平面图形。例如，杯盖是圆形的，衣架是三角形的，雪花是六边形的。在这一阶段，幼儿可以从周围的实物出发，辨认它们属于哪种平面图形，并能够在课堂中根据教师的指导剪出自己喜欢的图形，然后按照自己的想法拼接成花朵、房屋等。由此可见，这一阶段的幼儿建立起了平面图形与实物的联系。

在实际的幼儿课堂中，教师应将平面图形和立体图形做一定程度的区分，尽量还原平面图形的本质。例如，教师拿出篮球问"篮球是什么形状？"，当篮球是画在纸上的图画时，我们可以称之为圆形，但是对于实物篮球，则应称之为球体。幼儿或许并不能理解两者的区别，但是教师在授课过程中要严格按照科学的概念授课。

（二）认知顺序与影响因素

研究发现，幼儿对几何图形的认知遵循先易后难的原则，主要从二维空间（平面图形）向三维空间（立体图形）进行深入推进，也就是从平面图形到立体图形进行认知。平面图形的认知是幼儿构建几何思维体系的基础。

1. 认知顺序

在平面图形的认知方面，一般最容易被幼儿接受的图形是圆形，然后是正方形、三角形、长方形，这些是比较规则的图形，而后才是形状较为特殊的椭圆形、梯形、五角星形、六边形、多边形等。

在立体图形的认知方面，认知顺序先是球体，再是正方体、圆柱体、长方体和圆锥体等。

2. 影响因素

影响幼儿对几何图形认知的因素有两个。

一是平面图形的复杂程度。幼儿在认知平面图形的过程中，一般先从简单的圆形开始，再到有边、有角的其他平面图形。幼儿较难认知的平面图形有菱形、梯形等。

二是幼儿的生活经验和受到的教育训练。幼儿对生活中经常见到的平面图形认识起来比较容易，若是周围环境的布置过于简单或单一，那幼儿对平面图形的认知也会呈现出单调性或单一性。所以，幼儿认知水平的高低与生活经验和教育训练有很大的关系。即使是容易混淆的平面图形，在教师的耐心指导和多次训练后，幼儿也能较好地掌握。

（三）幼儿平面图形组合能力的发展

幼儿辨识平面图形能力的发展不仅仅指幼儿能够对各种平面图形进行命名、匹配、指认，还包括幼儿平面图形组合能力的发展。

平面图形组合活动是平面图形操作活动的重要组成部分，它对于幼儿的几何思维乃至整个数学思维的发展都有着极其重要的意义。克莱门茨等人曾指出："在学前阶段，用平面图形进行建构的能力是幼儿后期学习复杂的几何图形的基础。幼儿在平面图形组合活动中的想法和动作，以及他们能够重复使用图形单元或更高级的图形组合单元，这些能力都是幼儿数学理解和分析的基础。"具体来讲，进行平面图形组合活动能够让幼儿更深入地感知和掌握平面图形的特征，发现不同平面图形间的关系，这对幼儿数学能力的综合发展有着极为重要的作用。

根据克莱门茨提出的幼儿平面图形组合能力的发展，3～6岁幼儿的平面图形组合能力主要集中在前3个阶段，也有部分幼儿可以跃升到第4个阶段。

1. 前组合阶段

在这一阶段，幼儿只是拿着平面图形简单地玩耍，不会进行平面图形的组合，连基本的拼图任务都完成不了。

2. 零散组合阶段

在这一阶段，幼儿可以使用试错的方式完成简单的图案框架搭建，将平面图形简单地连接起来形成图案。

3. 图像阶段

在这一阶段，幼儿可以使用试错的方式将几个平面图形连接起来形成一个图案，通过观察图案的轮廓线来匹配图像，开始尝试旋转和翻转平面图形。

4．形状组合阶段

幼儿在此阶段能够有意识、有目的地进行平面图形的组合，形成新的平面图形或复杂的图案。幼儿通常通过边或角来设计和判断要组合的平面图形类型，并且有的幼儿可以在组合简单平面图形的基础上，预先为其他平面图形的组合做好准备工作。这意味着幼儿平面图形组合能力的升级和组合策略的日益完善。

二、幼儿识别平面图形的年龄特点

幼儿对于平面图形的识别具有阶段性的特点，这与他们的年龄有很大的关系。

（一）小班

小班幼儿对平面图形有了一定的认识，尤其对圆形、三角形、正方形、长方形这些规则的平面图形识别能力较好。幼儿能够从周围的物体中找出与平面图形相匹配的物品，因此，幼儿在这一时期初步建立起将数学与实际生活相联系的思维。但是，小班幼儿对平面图形的识别还处于初级阶段，只能认识规则化的平面图形，对于变形的平面图形识别能力较差。例如，幼儿熟知等边三角形，对于其他类型的三角形识别能力较差。

（二）中班

中班幼儿对于平面图形的识别有了更大的进步，识别的范围和角度也得到了进一步扩展。除了规则化图形，幼儿对不规则图形也有了识别的能力，如对不规则的锐角三角形、钝角三角形等都有了指认的能力。中班幼儿能够不受其他干扰因素的影响识别平面图形，这充分说明中班幼儿已具有一定的图形守恒能力，并且他们所拼图形也更为多元化、复杂化。在此阶段，幼儿除了能够将平面图形拼接成新的图形之外，还能够利用生活物品进行图形的拼凑，如火柴棒的拼搭。

（三）大班

大班幼儿能够对生活中常见的平面图形进行指认、命名、匹配。有些幼儿能够对实物的典型特征进行分析，并能够在脑海中形成标准化的图形。除了平面图形之外，大班幼儿还对立体图形有了较深入的理解，能够通过触摸感知立体图形的特点，并与平面图形相比较。

第三节　幼儿平面图形认知学习任务实施

任务实施环节的设置是为了将理论与实践相结合，将平面图形的学习与手工绘画等专业知识相融合，不断提升准幼儿教师的实际授课能力，使其为以后的实习就业打好基础，提前掌握一名幼儿教师应具备的专业知识素养。

普通的幼儿教具已经不能满足实际的课堂需求，这就需要学生学会自制教具。

一、提出任务

准备一节幼儿平面图形学习课。

（一）基本要求

（1）教授幼儿认识圆形、正方形、三角形、长方形、椭圆形、菱形、梯形、多边形等。

（2）教授幼儿进行平面图形与实物间的指认、命名、匹配。

（3）运用蒙氏教学理论，结合手工、绘画、活动设计、幼儿口语，设计制作教具，完成教学设计、教学展示。

（二）提升要求

（1）根据幼儿的心理特点与知识的阶段性接受度，灵活多样地设计教具并注重色彩搭配，同时以融入故事的方式增加课堂的趣味性。

（2）为实现课堂效果的最优化，在实际授课的过程中，教师可以根据情况适当扩充教学目标。

二、任务准备

（1）教师指定分组或学生们自由组合（4人一组为宜）。

（2）教师结合示例教具进行讲解，启发学生的制作思路。

（3）学生以组为单位对教师讲解的示例教具进行研讨，充分了解每个示例教具的制作思路和创新点，并查找相关资料，确定本组的教具制作方案（教具制作方案表附后）。

（4）学生准备教具制作材料（卡纸、折纸、彩笔、彩铅、剪刀、胶棒等）。

三、任务实施

（一）制作教具

各组学生填写教具制作方案表，并根据教具制作方案表选择适合的材料与工具进行制作。

（二）教学设计

基于制作好的教具，各组学生完善教学活动设计方案（教学活动设计方案表附后）。

（三）教学展示

以小组为单位，根据教学活动设计方案表，一位学生扮演教师（根据教学活动设计，可以有助教等角色），其他学生扮演幼儿，以教具为载体进行5～10分钟的教学展示。

（四）评价反思

教师组织学生自评、小组互评，教师总评。对于优秀的课堂表现，小组之间可以相互学习，提出改进意见，不断提高模拟教学效果，完成预设的教学目标。

四、任务实施示例

下面我们用3个详细示例为大家提供更加直观的参考素材。学生们在参考示例活动时要重点思考示例能够实现的教学目标和教具制作的创新点，以便为本组教具制作方案、教学活动的设计提供思路。

示例一

1. 活动名称

大班数学活动："水果拼盘"。

小组成员：A、B、C、D。

分工：A负责解说、构思、设计，B负责画出平面图形，C、D负责裁剪和粘贴平面图形等。

2. 活动目标

① 以教具为载体，引导幼儿识别基本的平面图形。

② 提高幼儿对周围事物的观察能力。

③ 培养幼儿学习平面图形的兴趣。

3. 活动准备

（1）知识准备

① 牢固掌握本章第一节、第二节的内容。

② 准备一些与水果相关的知识，以便在课堂上向幼儿讲解。

（2）物质准备

① 准备卡纸、彩笔、剪刀、双面胶等。

② 在不同颜色的卡纸上画出各种平面图形并将其裁剪下来。

③ 再次用各种颜色的卡纸裁剪出各种平面图形。

④ 把第一次裁剪出的平面图形装饰成各种"水果"，用双面胶贴在一张大卡纸上。

⑤ 在大卡纸顶部用彩笔写上"水果拼盘"几个字。

⑥ 把第二次裁剪出的平面图形卡片放到一边，制作完成。

制作好的"水果拼盘"教具如图6-6所示。

4. 活动过程

（1）新课导入

教师在多媒体上放映水果视频让幼儿观看，激发幼儿的学习热情，活跃课堂氛围。观看完毕后，教师问："小朋友们平时都吃什么水果呀？今天老师带领大家一起挑选水果。"

图6-6　制作好的"水果拼盘"教具

（2）示范玩法

教师："盘子里有好多'水果'呢！小朋友们，我们一起来认识一下这些'水果'都叫什么名字，然后挑出自己喜欢的'水果'吧。"

教师拿出盘中的"水果"让幼儿一一识别。

识别完成后，教师和幼儿一起探讨各种"水果"的外形组合。

（3）游戏竞技

教师任意拿出一种"水果"，让幼儿找相应形状的平面图形卡片，看谁找得又快又准确。

（4）总结回顾

教师带领幼儿总结本节课所涉及的知识，引导幼儿对所学内容进行思考，并拓展延伸幼儿对周围物体形状的认知。

图6-7所示为小组成员在进行"水果拼盘"教学展示。

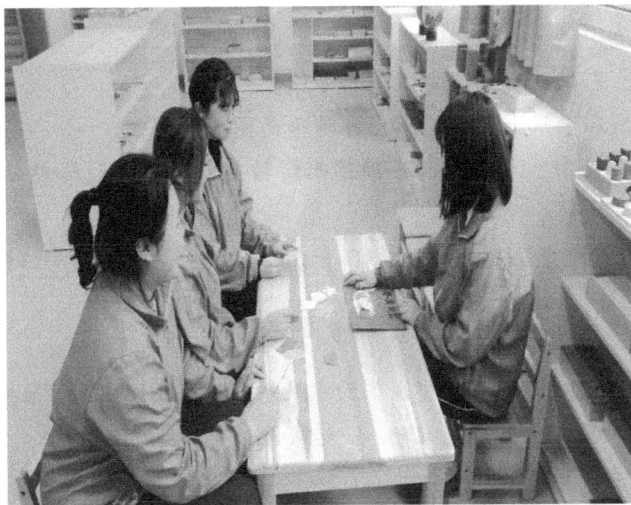

图6-7　小组成员在进行"水果拼盘"教学展示

5. 活动延伸

教师引导幼儿观察教室周围的物体，看看哪些与所学的平面图形形状相似。教师在多媒体上投放多种物品的图片，让幼儿进行抢答，看谁回答得又快又准。

6. 活动评价

通过观看视频和使用制作的教具，幼儿能够认识基本的平面图形，并能识别出现实生活中物体的形状。幼儿可以完成平面图形的指认、命名、配对。

7. 教具制作的反思改进

水果拼盘里用普通卡纸制作的水果在使用过程中容易折损变形，尤其是形状比较小的卡纸更易损坏，以后可以采用硬卡纸作为原材料。水果拼盘里的水果教具的种类不是很多，可以丰富盘内的水果种类，让幼儿在识别图形的同时学会分类。

示例二

1. 活动名称

大班数学活动："田野之光"。

小组成员：A、B、C、D。

分工：A负责设计与解说，B负责绘画和裁剪，C、D负责粘贴与装饰。

2. 活动目标

① 激发幼儿学习平面图形的兴趣，开发幼儿智力。

② 提高幼儿的记忆力和辨别平面图形的能力。

③ 开阔幼儿的视野。

3. 活动准备

（1）知识准备

① 牢固掌握本章第一节、第二节的内容。

② 通过网络搜集各种田野小动物的叫声。

（2）物质准备

① 准备剪刀、彩纸、卡纸、胶棒、彩笔等。

② 分别在彩纸和卡纸上用彩笔画出各种平面图形和图案。

③ 用剪刀进行裁剪，将裁下的平面图形拼接起来，并用胶棒粘贴在卡纸上，制作完成。

制作好的"田野之光"教具如图6-8所示。

4. 活动过程

（1）新课导入

教师："小朋友们，还记不记得我们的水果拼盘呢？我们通过水果拼盘学习了不同水果的形状。现在老师带领大家走进田野，一起认识一下可爱的小动物。"教师出示教具。

（2）示范玩法

教师将拼接好的"田野之光"教具呈现在幼儿面前，让幼儿识别里面都有哪些内容。

图6-8　制作好的"田野之光"教具

在教师的引导下，幼儿识别出每张图片里包含的平面图形。

教师引导幼儿进行有趣的平面图形拼接，拼出新的图片内容。

（3）游戏竞技

教师将幼儿进行分组，小组合作拼出一幅美丽的图画，看看哪个小组的作品最精彩。

（4）总结回顾

教师总结本节课所使用到的平面图形，并与幼儿再次探讨其特点。教师与幼儿一起点评各个小组的拼接作品。

图6-9所示为小组成员在进行"田野之光"教学展示。

图6-9　小组成员在进行"田野之光"教学展示

5. 活动延伸

为了增添课堂的趣味性，教师在教学展示环节可以加入小动物的叫声，以吸引幼儿的注意力。同样，在幼儿完成自主拼接后，根据幼儿的作品，教师鼓励幼儿模仿小动物的叫声，并告诉幼儿要热爱美丽的大自然、热爱家乡。

6. 活动评价

幼儿在识别平面图形的同时也学会了辨认颜色，并且在教师的引导下，幼儿通过有趣的图形拼接锻炼提升了手、眼、脑的协调能力。

7. 教具制作的反思改进

在教具使用过程中，我们发现彩纸和卡纸的硬度不够，容易损坏，以后可用硬卡纸来代替。

示例三

1. 活动名称

大班数学活动："小雪人"。

小组成员：A、B、C、D。

分工：A负责解说，B负责画出平面图形，C、D负责裁剪平面图形并粘贴上色。

2. 活动目标

① 利用小雪人的身体部件让幼儿更好地认识平面图形并回顾数字知识。

② 锻炼幼儿的动手能力和认知能力。

3. 活动准备

（1）知识准备

① 牢固掌握本章第一节、第二节的内容。

② 了解雪花形成的知识，并搜集与雪花相关的歌谣。

（2）物质准备

① 准备卡纸、剪刀、胶棒、彩铅、铅笔等。

② 用铅笔在卡纸上画出需要的平面图形，如圆形、三角形、正方形等。

③ 用剪刀将画好的平面图形仔细剪下。

④ 用胶棒将一部分剪下的平面图形拼贴在卡纸上，并用彩铅绘制其他图案。

⑤ 将另一部分剪下的平面图形放在一旁，教具制作完成。

制作好的"小雪人"教具如图6-10所示。

4. 活动过程

（1）新课导入

教师："小朋友们，下雪天大家都会干什么呢？今天老师带给大家漂亮的雪花和可爱的小雪人，大家喜不喜欢？"随后，教师与幼儿一起唱儿歌《雪娃娃》，活跃课堂气氛。

（2）示范玩法

教师与幼儿一起观察"小雪人"教具，探讨它是由哪些平面图形拼接而成的。

图6-10　制作好的"小雪人"教具

除此之外，教师让幼儿数一数这些平面图形的个数。

（3）游戏竞技

幼儿以小组为单位，用各种平面图形拼接出一幅画，看看哪个小组拼接得又快又好。

（4）总结回顾

教师总结本节课所涉及的知识，带领幼儿回顾数字的知识和平面图形的特征。

图6-11所示为小组成员在进行"小雪人"教学展示。

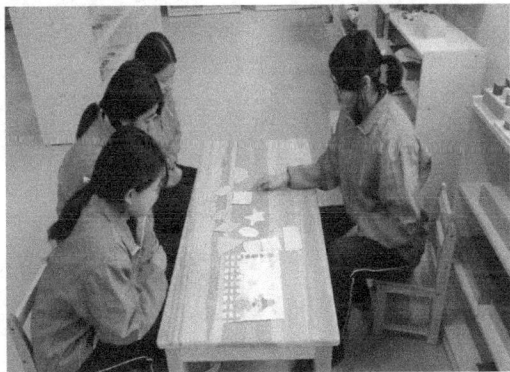

图6-11　小组成员在进行"小雪人"教学展示

5. 活动延伸

依托本节课中雪的相关知识，教师教育幼儿要爱护环境、不浪费资源，以此来引导幼儿树立绿色生态的理念。

6. 活动评价

本次活动通过平面图形与数字的结合学习，不仅复习了平面图形特征的知识，而且锻炼了幼儿的动手能力、认知能力，为以后的学习打下了基础。

7. 教具制作的反思改进

教具制作得过于简单，如果制作的"小雪人"可以拼接，那么本节活动课将会更加有趣。

部分学生在课堂上的教具作品及教学展示如图6-12～图6-14所示，供大家参考。

图6-12　房

图6-13　海底总动员

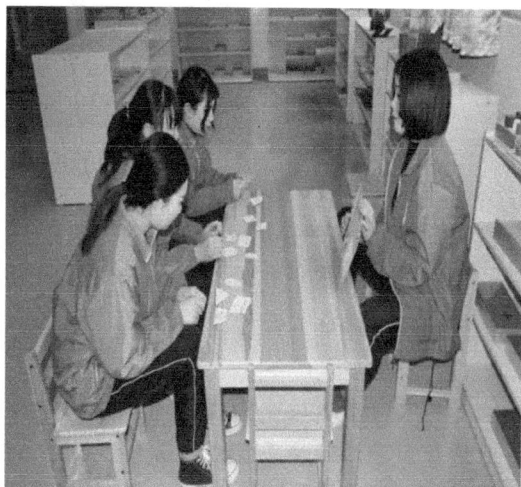

图6-14　美丽的房子

课后思考

1. 你掌握了几种教授幼儿平面图形的方法？思考一下，还有其他教学方法吗？
2. 你觉得最有创意的是哪组教具，为什么？

教具制作方案表

课本章节	
理论知识准备	【教师讲授】
	【自主探索学习】
要实现的教学目标	
教具名称	
小组成员					
成员分工					
教具制作所需材料	
制作过程	
教具创新点	
课后反思	

教学活动设计方案表

活动名称	
角色扮演分配	教师： 幼儿：
活动目标	
活动准备	
活动过程	
活动延伸	
活动评价	
活动创新点	

第七章

幼儿立体图形认知学习

立体图形的知识来源于现实生活。生活中处处都是智慧，处处都有数学的影子。数学是为人类服务的学科，立体图形的认知与人类的生活紧密相连。

学习目标

1. 了解立体图形概念的起源，掌握立体图形的基本特征和幼儿立体图形认知的一般发展过程。

2. 掌握幼儿立体图形认知的学习内容和实现方式。

3. 运用蒙氏教学理论，结合手工、绘画、活动设计、幼儿口语，设计制作教具，完成教学设计、教学展示。

4. 依托教具，组织幼儿立体图形认知学习课堂。

第一节 立体图形概述

立体图形广泛存在于我们的生活中，它源于生活又服务于生活。幼儿对立体图形的认知包含对其来源的了解、对基本特征的掌握和在日常生活中的应用。

一、立体图形概念的起源

生活中存在的物体，绝大多数是以立体图形的形式存在的，学习立体图形的相关知识能培养幼儿的逻辑思维能力。

立体图形与算术一样源于人类在实践中的观察、总结、归纳，人们在实践中积累了长短、宽窄、薄厚等最初的立体图形概念，这些零散的、简单的概念推动了几何学基本概念的形成。

图纸上的立体图形是将空间中的三维立体图形用二维的形式表达出来。严格意义上说，图纸上的立体图形是二维平面图形。

二、立体图形的基本特征

立体图形与平面图形有很大的区别。平面图形位于同一平面内，是二维图形，一般包括长、宽两个维度。立体图形是由非同一平面内的点、线、面组合而成的图形，包括长、宽、高三个维度。接下来，主要阐述几种常见的立体图形的基本特征。

1. 长方体

长方体有六个面，相对的面是完全相同的。长方体有十二条棱，相对的棱的长度相等，这十二条棱一共可以分为三组，分别对应长方体的长、宽、高。长方体如图7-1所示。

2．正方体

正方体有六个面且每个面相同，有十二条棱，每条棱的长度都是相等的。正方体如图7-2所示。

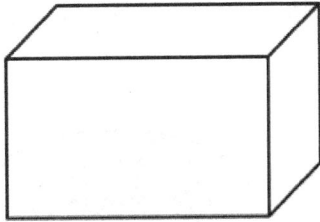
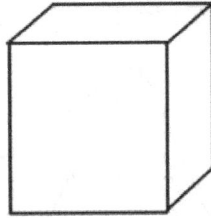

图7-1 长方体   图7-2 正方体

3．球体

球体由一个封闭的曲面围成，可以看作由一个半圆绕着直径旋转一周而成。球体如图7-3所示。

4．圆柱

圆柱由两个底面和一个侧面围成，侧面是曲面。圆柱可以看作由一条动直线绕一条定直线等距离旋转一周而成。圆柱如图7-4所示。

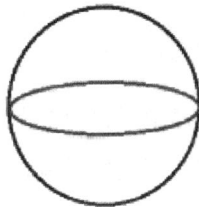
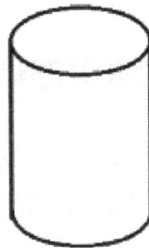

图7-3 球体   图7-4 圆柱

5．圆锥

圆锥由一个圆形底面和一个尖顶曲面围成，可以看作由一条动直线绕一条定直线等角度旋转一周而成。圆锥如图7-5所示。

6．棱柱

棱柱又分直棱柱和斜棱柱，均由两个底面和若干个侧面围成。图7-6所示为六棱柱。

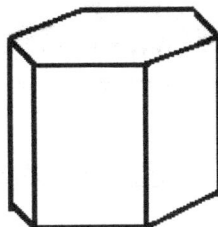

图7-5 圆锥   图7-6 六棱柱

7. 棱锥

棱锥由一个底面和若干个侧面围成。图7-7所示为四棱锥。

8. 圆环

圆环可以看成是一个圆形绕中心线旋转一周形成的立体图形。圆环如图7-8所示。

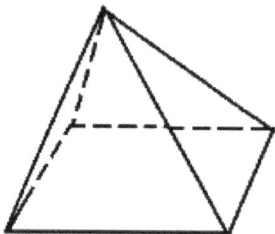

图7-7　四棱锥

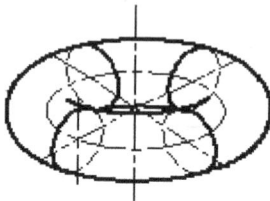

图7-8　圆环

三、立体图形与日常生活

生活中，漏斗、陀螺、斗笠等可以近似地看作圆锥；一些手环、指环、甜甜圈等类似于圆环；万花筒类似于圆柱；篮球、足球、排球等均为球体。

第二节　幼儿立体图形认知的发展

学前教育阶段进行的立体图形认知启蒙教育，是培养幼儿逻辑思维能力和空间想象能力的重要起点。因此，教师必须具备扎实的理论知识，掌握幼儿认知发展的规律。

一、幼儿立体图形认知的一般发展过程

幼儿生活的环境和接触到的物体与立体图形认知学习密切相关。在进入幼儿园以前，幼儿已经对一些物体的形状有了初步的感知和认识。随着年龄的增长，幼儿的认知能力与水平也在逐步提高，从而将一些感性经验进一步抽象化，在脑海里形成关于立体图形的固有认识，进而初步发展起立体图形的概念。

根据幼儿认知发展的规律，他们对立体图形的认知过程也呈现一定的规律性。

从动作发展看，幼儿对立体图形的认知经历了以下阶段：无意识地动手摆弄立体图形—有意识地用手指点立体图形—用眼睛观察立体图形并思考。

从语言发展看，幼儿对立体图形的认知经历了以下阶段：什么物体—像什么—是什么形状。

从思维发展看，幼儿对立体图形的认知经历了以下阶段：直观行动思维—具体形象思维—抽象思维。

（一）基于动作发展的幼儿立体图形认知

幼儿探寻周围世界从宏观上看是一个连续发展的过程，从微观上看又有一定的阶段性。

幼儿在认识立体图形的过程中，动手感知并观察是非常重要的步骤。相应地，他们也慢慢经历了配对、指认、命名的过程。为了让幼儿初步感知立体概念，教师在数学教学活动中首先注意要让幼儿亲自动手摆弄立体实物，体验不同立体图形的特征，寻找异同点。其次，教师给幼儿一些不同形状的立体图形，引导幼儿进行思考，拼接出不同的小动物或是他们喜欢的实物，进一步培养幼儿的观察力和感知力。最后，教师拿出不同的立体图形，让幼儿说出名称。在这样的一个数学教学活动中，幼儿实现了从初步的感知到基本的指认再到最终的命名。

（二）基于语言发展的幼儿立体图形认知

从语言的发展来看，幼儿对立体图形的认知与蒙氏三段式教学法有着异曲同工之妙。幼儿语言的发展主要有"这是什么物体""它像什么""它是什么形状"三个阶段，蒙氏三段式教学法主要包括命名、辨别（指认）、发音（确认）。两者说法虽然不一样，实质内容却是一致的。例如，教师拿三种不同颜色（红色、黄色、蓝色）的长方体，并告诉幼儿它们分别是什么颜色的，这时幼儿通过观察和感知认识了长方体。为加强幼儿对立体图形的记忆，教师让幼儿将蓝色的长方体拿出来，并询问幼儿家里有什么物品与它类似，这就使得幼儿学会联系生活实际。最后，为了让幼儿对立体图形有更加牢固的认知，教师拿出黄色的长方体询问幼儿"这是什么物体"，幼儿回答"这是什么颜色的什么立体图形"，从而完成了蒙氏三段式教学法，这也与幼儿语言发展的规律相统一。

（三）基于思维发展的幼儿立体图形认知

幼儿思维发展经历了一个漫长而复杂的过程：直观行动思维—具体形象思维—抽象思维。思维能力是智力的核心，发展幼儿智力的实质就是发展幼儿的思维能力。所以，学前教育专业的学生要想成长为一名优秀的幼儿教师，必须掌握幼儿的思维发展规律。

教师可以运用实物、模型等进行直观教学，让幼儿通过触觉感知立体图形的特征，通过视觉形成对立体图形的基本印象，使幼儿在头脑中形成立体图形的概念。为将头脑中的概念具体化，教师展示绘制的立体平面图，并将立体平面图与立体实物对照讲解，有效实现具体形象思维与抽象思维的统一。

二、幼儿立体图形认知的活动设计

教师既要结合幼儿身心发展的规律和对事物认知的规律，又要结合立体图形的难易特点，制订切实可行的活动设计方案，这样才可能达到预设的活动目标，提高课堂效率。

（一）通过触摸直观感知立体图形的特征

数学源于生活，要想让幼儿真正认识立体图形，在活动设计过程中，教师要注意从实际的生活经验入手，从幼儿生活的环境中挑选一些实物，如牛奶盒、杯子、玩具车等，将其放在数学活动区域。在进行课堂活动时，幼儿用手触摸、摆弄立体实物，以此来感知其基本特征。例如，教师在幼儿认识正方体的基本特征时，给幼儿大小不一的正方体积木，让他们用手触摸；教师可以再投放一些球体，让幼儿滚动球体，同时也滚动正方体。幼儿会发现球体是圆的，便于滚动，而正方体有边角，不易滚动。

（二）学会比较区分立体图形与平面图形

立体图形与平面图形是有很大区别的，幼儿将两者进行比较，能够加深对立体图形特征的理解和对平面图形的认知。例如，将长方形和长方体放置在同一平面上，让幼儿通过触摸感知长方体不仅有长、宽，还有高，而长方形只有长和宽。长方体的盒子是有空间建构的，可以存放物品，而长方形仅仅是一个平面图形。

（三）动手制作立体图形

大班的幼儿有一定的平面图形和立体图形知识基础，并且能够动手制作一些物件。为了让幼儿更好地感知立体图形与平面图形的区别与联系，并能够用语言将它们表达出来，教师可以让幼儿动手制作一些立体图形。例如，认识圆柱时，教师可以将提前准备好的圆纸片与长方形纸片分发给幼儿，长方形一侧的边长与圆纸片的周长是相同的。教师让幼儿观察长方形纸片的外在特征，再观察圆纸片的特征。在教师的示范指导下，幼儿将这些材料粘贴制作成圆柱。在制作的过程中，幼儿能抽象地得出圆柱的特征：上下两个圆是一样大的，圆柱上下是一样大的，侧面是由长方形卷曲而成的。

（四）混合多种形式巩固对立体图形的认知

在数学教学活动中，教师可以让幼儿按照立体图形的基本特征，或按照颜色、大小等对立体图形进行分类，让幼儿不断加深对立体图形的认知。

数学教学活动中可以进行立体造型的构建，教师提供不同颜色、形状的积木，幼儿根据教师布置的主题进行构建，或者根据自己的想法进行拼搭。例如，幼儿将长方体作为围栏，将圆柱作为房屋柱子，将三棱柱作为沙发等。教师也可以引导幼儿结合手工制作，利用太空泥等材料制作不同的立体图形，并将其进行拼搭。以上多种形式均可加强幼儿对立体图形的认知。

三、立体图形对幼儿思维发展的作用

生活中处处有立体图形存在，幼儿在成长过程中学习立体图形的知识，可以培养多方面的能力。

（一）培养幼儿良好的逻辑思维能力

学前教育阶段注重幼儿逻辑思维能力的培养，这对幼儿以后数学思维能力的发展具有基础性作用。教师在教学时，注意采用联想对比的方法，引导幼儿识别立体图形的同时，思考生活中有哪些物体与所学立体图形相类似，这样不但能拓展幼儿的思维广度，还能培养幼儿思维的敏捷性。除此之外，教师在授课时还要注意建立知识点之间的联系，培养幼儿思维的全面性和条理性。

（二）培养幼儿的空间想象能力

空间想象能力是幼儿需要具备的一项极其重要的能力。空间想象能力是抽象思维能力的一种，是脱离实物的人类思维，对于幼儿来说，这是较难培养的思维能力。立体图形的认知学习能有效锻炼幼儿的空间想象能力，是幼儿空间想象能力培养的基础和开端。幼儿在学习过程中要能够有效抓住立体图形的特征，并以这些特征为基础进行空间想象。要想获得更好的教学效果，教师需要抓住教学中的细节，多从生活中挖掘素材。在不断训练的过程中，幼儿的空间想象能力才会不断增强。

（三）培养幼儿的联想能力

联想能推动人类的进步。幼儿寻找不同物体之间的联系，其联想能力可以得到有意识的培养。例如，这个圆柱像什么呢？小朋友们畅所欲言，有的说像杯子，有的说像电线杆，有的说像柱子。教师要充分肯定幼儿的联想。

第三节 幼儿立体图形认知学习任务实施

立体图形认知学习任务实施课将立体图形的概念、特征及其作用真正应用于实践课堂当中，让教师在活动设计和实施的过程中能够不断提升自己的综合职业技能。

在幼儿立体图形认知这一模块，教师要注重安排幼儿触摸实物的环节，以及进行幼儿空间想象能力的培养等，积极培养幼儿多方面的能力。

一、提出任务

准备一节幼儿立体图形认知学习课。

（一）基本要求

（1）教授幼儿认知立体图形的含义、基本特征。

（2）教授幼儿掌握立体图形与实物之间的对应关系。

（3）运用蒙式教学理论，结合手工、绘画、活动设计、幼儿口语，设计制作教具，完成教学设计、教学展示。

（二）提升要求

（1）结合幼儿的成长发展特点和认知的接受程度，教师将富有教育意义的主题引入课堂教学，增强幼儿的认可度，提升课堂教学效果。

（2）在教学过程中，本着提升课堂效果的目的，教师可以适当扩充教学目标。

二、任务准备

（1）教师指定分组或学生们自由组合（4人一组为宜）。

（2）教师结合示例教具进行讲解，启发学生的制作思路。

（3）学生以组为单位对教师讲解的示例教具进行研讨，充分了解每个示例教具的制作思路和创新点，并查找相关资料，确定本组的教具制作方案（教具制作方案表附后）。

（4）学生准备教具制作材料（硬纸板、太空泥、细铁丝、卡纸、复印纸、双面胶等）。

三、任务实施

（一）制作教具

各组学生填写教具制作方案表，并根据教具制作方案表选择适合本组的材料进行制作。

（二）教学设计

结合制作好的教具，各组学生填写并完善教学活动设计方案（教学活动设计方案表附后）。

（三）教学展示

以小组为单位，根据教学活动设计方案表，一位学生扮演教师（根据教学活动设计，可以有助教等角色），其他学生扮演幼儿，运用制作的教具完成5～10分钟的教学展示。

（四）评价反思

教师组织学生自评、小组互评，教师总结评价本节幼儿数学课的课堂效果，并提出改进意见。

四、任务实施示例

下面我们用5个详细示例为大家提供更加直观的参考素材。学生们在参考示例活动时要重点思考示例能够实现的教学目标和教具制作的创新点，以便为本组教具制作方案、教学活动的设计提供思路。

> **示例一**
>
> 1. 活动名称
>
> 大班数学活动："海洋世界"。
>
> 小组成员：A、B、C、D。

分工：A负责解说、提出创意及参与教具制作，B、C负责用太空泥捏制海洋生物和海面的点缀，D负责绘制教具说明书及背景装饰等。

2. 活动目标

① 让幼儿认知圆柱、三棱柱、圆锥等立体图形的基本特征。

② 提高幼儿的观察能力，教授幼儿关于海洋和海洋生物的相关知识。

③ 通过新颖有趣的教具，向幼儿传达热爱海洋、保护海洋的理念。

3. 活动准备

（1）知识准备

① 牢固掌握本章第一节、第二节的内容。

② 查阅相关资料，学习海洋生物的相关知识。

③ 学习和海洋有关的童谣、顺口溜、儿歌等。

（2）物质准备

① 准备太空泥、硬卡纸、硬纸板、白色KT板、剪刀、细铁丝、圆柱彩铅盒等。

② 裁取两块大小相同的白色KT板。

③ 把太空泥用渐变叠加的方式分别在白色KT板上铺出海面及深海的颜色。

④ 用硬纸板折出立体图形并用太空泥将其包裹装饰，做出海面上的物体。

⑤ 用不同颜色的太空泥分别捏出海底的各种海洋生物。

⑥ 把白色和蓝色硬卡纸拼接起来，分为上下两部分，分别装饰天空及海底。

⑦ 将圆柱彩铅盒两两拼接，做成四根支撑海面的柱子，用太空泥将其包裹并捏出各色鱼群和海草。

⑧ 将海面放在四根柱子上，用细铁丝把做好的教具拼插起来，把一部分海洋生物悬挂起来、一部分海洋生物支撑起来，做成海洋生物正在游动的样子。

⑨ 根据做好的教具绘制教具说明书。

制作好的"海洋世界"教具如图7-9所示。

图7-9 制作好的"海洋世界"教具

4. 活动过程

（1）新课导入

教师："浪花什么色？朵朵白如云。浪花开多少？千千万万朵。小飞鱼呀飞得高，小海豚呀游得快。墨鱼放出烟幕弹，鲸鱼喷出水花来。海洋世界真神奇，水晶宫里真美丽。小朋友们，让我们一起进入神秘的海洋世界吧。"

（2）示范玩法

教师："好多海洋生物啊！小朋友们，我们一起来认识一下吧。"教师和幼儿一起认识各种形状的海洋生物。

幼儿立体图形的认知包括三棱柱小鱼、四棱柱小鱼、圆柱体小鱼、球体小章鱼等。

教师先向幼儿展示教具拼插过程，随后将幼儿分组，进行拼插操作。

教师边向幼儿展示边介绍各种拼插立体图形，增强幼儿对海洋世界的兴趣，同时向幼儿传达热爱海洋、保护海洋的理念。

（3）游戏竞技

教师把拼插好的教具拆开，将幼儿分组，让幼儿按照绘制的教具说明书进行拼插操作，看哪一组更具创意性。

（4）总结回顾

教师总结本节课所涉及的立体图形的相关知识，进行要点重复讲解，加深幼儿印象。幼儿在学习立体图形知识的同时锻炼了动手操作的能力，了解了热爱海洋、保护海洋的重要性。

图7-10所示为小组成员在进行"海洋世界"教学展示。

图7-10 小组成员在进行"海洋世界"教学展示

5. 活动延伸

教师可以根据立体图形的特征让幼儿进行立体图形分类，以此增强幼儿对立体图形的认知，巩固幼儿对颜色和大小等外在特征概念的理解。

6. 活动评价

幼儿在课堂上的积极性很高，通过小组分工培养了幼儿的团队协作能力。教师教授海洋生物知识，拓展了幼儿对大自然的认知，达到了很好的教学效果。

7. 教具制作的反思改进

教具上层采用白色KT板搭建，并铺了一层太空泥，太空泥干燥后由于水分蒸发而变形，导致白色KT板也受力变形凹陷，制作时应选用不会变形的底板，如木板。拼插所用的细铁丝略显粗糙，应该做进一步的改进。

示例二

1. 活动名称

大班数学活动："泰山立体拼装"。

小组成员：A、B。

分工：A负责解说并捏制模型，B负责裁剪形状并用胶水粘贴等。

2. 活动目标

① 让幼儿认识立体图形。

② 提升幼儿的动手能力，引导幼儿学习垃圾分类的知识。

③ 提高幼儿学习立体图形的兴趣。

3. 活动准备

（1）知识准备

① 牢固掌握本章第一节、第二节的内容。

② 查阅相关资料，学习泰山旅游景区的基本知识，并学习垃圾分类知识。

（2）物质准备

① 准备卡纸、胶水、剪刀、硬纸板、饮料瓶、太空泥等。

② 用剪刀将卡纸剪出梯形、三角形和长方形等形状，用胶水粘成立体图形。

③ 将立体图形搭建成山体、小松树、亭子等。

④ 将搭好的物体放在一张硬纸板上并固定。

⑤ 用饮料瓶做成垃圾桶并固定在硬纸板上，用卡纸在桶身贴上垃圾的种类。

⑥ 用太空泥做出各种类型的垃圾模型，制作完成。

制作好的"泰山立体拼装"教具如图7-11所示。

4. 活动过程

（1）新课导入

教师："小朋友们，大家都喜欢旅游吗？大家都去过哪里游玩？有没有去过泰山呢？今天老师就带大家爬泰山。我们一起看一看泰山上有什么好玩的东西吧！"

（2）示范玩法

教师："小朋友们，现在我们来到了泰山前的天外村广场，一起来看看广场上有什么东西吧！"

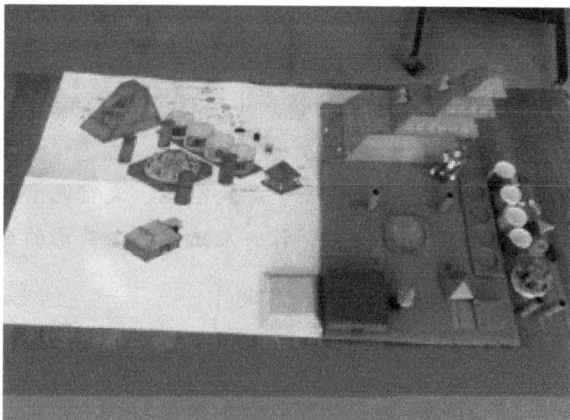

图7-11　制作好的"泰山立体拼装"教具

教师和幼儿一起观察泰山前的寺庙和亭子，教师向幼儿介绍其由哪些立体图形组成。

教师示范如何拼装搭建教具，并指导幼儿动手拼装搭建教具。

（3）游戏竞技

教师将幼儿分组，并把教具拆分，让小组进行拼装比赛。

（4）总结回顾

教师注意培养幼儿的动手能力及创新能力，以此来培养幼儿的思维能力。

图7-12所示为小组成员在进行"泰山立体拼装"教学展示。

图7-12　小组成员在进行"泰山立体拼装"教学展示

5. 活动延伸

课堂上教师可以播放泰山旅游景区的相关视频，让幼儿扮演小导游介绍景点，以此来锻炼幼儿的语言表达能力；也可以讲解一些有趣的文化知识，如古诗、典故等，以此来增强幼儿对传统文化的兴趣。

6. 活动评价

本次活动制作了玩偶导游，并在上课过程中让幼儿扮演小导游介绍景点，幼儿积极参与活动，课堂活泼有趣。

7. 教具制作的反思改进

制作材料过于简单，教具缺乏科技感，需要改进。如果加入LED小灯泡等更能激发幼儿的兴趣。

示例三

1. 活动名称

大班数学活动："孤独的小雪人"。

小组成员：A、B、C、D。

分工：A负责解说，B负责画出场景、捏立体图形，C、D负责用铁丝固定立体图形、铺太空泥等。

2. 活动目标

① 让幼儿学会看图识画，将平面图形与立体图形一一对应。

② 提高幼儿的观察能力和动手动脑能力。

③ 向幼儿传达废物利用、绿色环保的理念。

3. 活动准备

（1）知识准备

① 牢固掌握本章第一节、第二节的内容。

② 了解立体图形的正等轴测图的概念，学会各种立体图形的画法。

（2）物质准备

① 准备硬纸板、素描纸、彩笔、太空泥、铁丝、胶带等。

② 在硬纸板上铺满一层蓝色太空泥，并用土色太空泥铺好三条岔路。

③ 将铁丝穿过铺满太空泥的硬纸板，并用胶带进行固定，使铁丝竖立。

④ 用太空泥捏四个三棱柱、一个正方体、两个长方体、五个球体、一个棱台、两朵白云以及太阳的光线。

⑤ 把立体图形组合成太阳、白云、大树、房子、雪人。

⑥ 将整个场景布局用彩笔画在素描纸上，使其完全与立体实物场景吻合，制作完成。

制作好的"孤独的小雪人"教具如图7-13所示。

4. 活动过程

（1）新课导入

教师："小朋友们，下雪天你们喜欢做什么？现在，就跟随老师一起走进美丽的冰雪村落吧。"

（2）示范玩法

教师拿出教具，让幼儿认识图画中的内容。幼儿辨别图中的立体图形，并想象这幅图画中的小雪人会怎么样。

图7-13　制作好的"孤独的小雪人"教具

教师随机提问幼儿，让其讲述图画里可能发生的故事。

教师再让幼儿根据图画内容将捏制好的立体太空泥进行拼装。

（3）游戏竞技

教师将幼儿分组，让幼儿在原有场景的基础上创造新的场景。例如，有的幼儿将太阳挂到树上，表示树的果实；有的幼儿将房子的正方体部分作为桌子，三棱柱作为凳子。教师引导幼儿对所搭建的场景进行讲解。

（4）总结回顾

教师带领幼儿系统总结回顾本节课所涉及的立体图形知识。本节课安排的自由拼装环节增强了幼儿的创造性思维能力、观察能力和语言表达能力。

图7-14所示为小组成员在进行"孤独的小雪人"教学展示。

图7-14　小组成员在进行"孤独的小雪人"教学展示

5. 活动延伸

除根据图画内容拼装外，教师可让幼儿自主想象，拼搭组合新的立体场景并进行讲解。看看谁的作品最好，讲解的内容最好。

6. 活动评价

本次活动让幼儿认识了多种立体图形，并培养了幼儿的动手能力，扩展了幼儿的想象力，锻炼了幼儿的手眼协调能力。

7. 教具制作的反思改进

方案讨论不够深入，考虑不够全面，教具稳定性不够。制作之前小组成员应讨论充分，制订成熟的方案，并且在教具制作过程中应该注意硬纸板裁剪的精确度，做一个比较稳的底盘。图画中的立体图形不够精确，以后应注重对精确度的掌控。

示例四

1. 活动名称

大班数学活动："小怪兽机器人"。

小组成员：A、B、C、D、E、F。

分工：A负责解说，B负责折小篮子，C、D负责制作小怪兽机器人的身体部位及零散部件，E、F负责制作小怪兽机器人的头部及其他零散部件。

2. 活动目标

① 利用教具让幼儿认识立体图形，锻炼幼儿的组装能力、动手能力。

② 利用包装箱硬纸板制作教具，传达废物利用、绿色环保的理念。

③ 利用小篮子盛放小部件，培养幼儿的收纳整理能力。

3. 活动准备

（1）知识准备

① 牢固掌握本章第一节、第二节的内容。

② 学习机器人的相关知识，参考其形象特点进行抽象演变，完成小怪兽机器人的立体拼装设计。

（2）物质准备

① 准备硬纸板、太空泥、彩色复印纸、小刀等。

② 用硬纸板做出1个正方体、2个长方体。

③ 在正方体、长方体上用小刀裁出多个不同的形状，紧接着将不同颜色的太空泥粘在正方体、长方体上。

④ 用不同颜色的太空泥做出不同的形状，如圆柱体、球体等，并进行拼装。

⑤ 用彩色复印纸折出小篮子，制作完成。

制作好的"小怪兽机器人"教具如图7-15所示。

图7-15　制作好的"小怪兽机器人"教具

4．活动过程

（1）新课导入

教师："小朋友们，你们最喜欢什么样的机器人啊？咱们一起玩拼装机器人的游戏吧。"教师出示教具。

（2）示范玩法

教师首先把小怪兽机器人的各组成部分打乱，然后按大小把各组成部分排成一列，引导幼儿观察各个立体图形，理解立体图形体积的大小概念，最后进行拼装。

（3）游戏竞技

教师让幼儿分组，各小组根据立体的小怪兽机器人画出平面的小怪兽机器人，可以自由发挥想象，看哪个组的小怪兽机器人画得更好。

（4）总结回顾

教师根据各个小组寻找小怪兽机器人零部件的速度和拼装准确度给予表扬，并结合幼儿游戏竞技环节的表现进行点评。

图7-16所示为小组成员在进行"小怪兽机器人"教学展示。

图7-16　小组成员在进行"小怪兽机器人"教学展示

5. 活动延伸

幼儿在教师的指导下，想象一个小怪兽机器人的故事，然后进行讲解。这可以锻炼幼儿的想象能力、语言组织和表达能力。教师还可以让幼儿边拼装边对其他幼儿进行讲解。

6. 活动评价

此次活动培养了幼儿的动手能力，促进了幼儿手、眼、脑协调能力的发展，让幼儿认识了多种立体图形。

7. 教具制作的反思改进

教具的稳定性不够。教具制作过程中应该注意硬纸板裁剪的精确度，做一个比较大的底盘以增加稳定性。小怪兽机器人的手臂、腿部形状做得不是特别理想，外表不够精美，需要改进。小怪兽机器人各部件之间的连接方式不够巧妙，需要进一步完善。

示例五

1. 活动名称

大班数学活动："趣味立方体"。

小组成员：A、B、C、D、E、F。

分工：A负责解说，B负责制作纸箱和用太空泥捏制动物形象，C、D负责捏制立体图形，E、F负责装饰纸箱。

2. 活动目标

①将立体图形与卡通动物形象相结合，激发幼儿的学习兴趣。

②让幼儿对立体图形的体积大小和各方向视图形成初步的认识。

3. 活动准备

（1）知识准备

①牢固掌握本章第一节、第二节的内容。

②了解各种卡通动物的形象和相关的故事。

（2）物质准备

①准备纸箱、剪刀、太空泥、彩纸、双面胶、纸板等。

②把纸箱上一个长方形的面剪掉。

③用剪刀将一个纸板裁剪出多种形状。

④用彩纸包装纸板，把纸板粘在纸箱被剪掉面的地方，并用太空泥捏出与纸板形状相符的立体图形。

⑤捏制幼儿喜欢的卡通动物形象并用双面胶粘在已经制作好的立体图形上，制作完成。

制作好的"趣味立方体"教具如图7-17所示。

图7-17 制作好的"趣味立方体"教具

4. 活动过程

（1）新课导入

教师："小朋友们，今天老师带来了兔子、猴子、熊猫等动物，它们找不到家了，需要大家帮它们找到自己的家。"

（2）示范玩法

教师引领幼儿辨别纸箱上空缺部分的形状，将动物教具（如兔子）展示给幼儿看，并让幼儿仔细观察动物教具底部立体图形的前面、后面、上面、下面、左面、右面分别是什么样的，寻找对应的纸箱孔洞。教师让幼儿将制作好的动物教具放入纸箱上对应的孔洞里。

（3）游戏竞技

教师让幼儿分组完成送动物回家的任务，看看哪组做得又快又好。教师对优秀的小组进行表扬，并赠送事先准备的小礼物。

（4）总结回顾

教师根据活动内容回顾本节课的知识点，带领幼儿再一次从各个方向观察动物教具。

图7-18所示为小组成员在进行"趣味立方体"教学展示。

图7-18 小组成员在进行"趣味立方体"教学展示

5. 活动延伸

每组选取一个动物教具，幼儿分别坐在教具的不同方位，根据所看到的形状进行绘画并展开交流。教师进行点评。

6. 活动评价

本次活动有效激发了幼儿的学习兴趣，培养了幼儿的动手能力，使幼儿认识了更多的立体图形，并对立体图形的体积大小和各方向视图有了初步的认识。

7. 教具制作的反思改进

教具的制作工艺有待改进，纸箱的外形不够精美。动物教具的数量不够，需要增加数量。

部分学生在课堂上的教具作品及教学展示如图7-19～图7-24所示，供大家参考。

图7-19 用立体图形搭城堡

图7-20 立体图形串串串

图7-21　用立体图形搭小房子

图7-22　立体的小房子

图7-23　立体图形找家

图7-24　机器人总动员

课后思考

1. 你认为幼儿立体图形认知教学的注意事项是什么？教学方法有哪些？
2. 你觉得最有创意的是哪组教具，为什么？你有什么好的改进建议吗？

教具制作方案表

课本章节				
理论知识准备	【教师讲授】			
	【自主探索学习】			
要实现的教学目标				
教具名称				
小组成员				
成员分工				
教具制作所需材料				
制作过程				
教具创新点				
课后反思				

教学活动设计方案表

活动名称	
角色扮演分配	教师： 幼儿：
活动目标	
活动准备	
活动过程	
活动延伸	
活动评价	
活动创新点	

第八章

幼儿时间认知学习

理解时间的单位概念，掌握简单时间的识读，养成良好的时间观念，是幼儿时间认知学习的重要内容。幼儿在很小的时候已经产生了无意识的时间感知，随着年龄的增长，因生活和知识学习的需要，幼儿需要建立起明确的时间认知体系，对时间的认知表达是幼儿必须具备的一项能力。

学习目标

1. 了解时间的定义，掌握时间的特点。
2. 掌握幼儿时间认知的基本内容及影响因素。
3. 了解幼儿时间认知水平的发展过程。
4. 能够灵活融入各种主题，以理论知识为基础进行教具的设计，并组织一堂幼儿时间认知活动课。

第一节　时间的基本知识

时间不依赖于意识，是人们意识之外的客观存在。各种物质的运动过程都有一定的发展顺序和持续性，离开时间，任何物质的运动、变化、发展都不复存在，而认识时间在幼儿认识世界的过程中具有重要意义。

一、时间的概述

感知时间的存在，树立时间观念有利于幼儿增强对时间概念的理解，可以加深幼儿对次序关系、整体和部分关系的认知，有利于幼儿抽象思维的发展。幼儿时间认知学习也是幼小衔接的重要部分，可以为幼儿在小学时期的学习打下良好的基础。

（一）时间的定义

时间是人类用以描述物质运动过程或事件发生过程的一个参数，是不受外界影响的物质周期变化的规律。例如，日月升落、花开花谢、草木枯荣等都反映了一定的时间概念。时间还可以指两个时刻间的距离或指某一具体时刻。时间与幼儿的生活密切相关，幼儿认识时间指具有时间知觉，时间知觉是指对客观现象延续性和顺序性的感知。

（二）时间的特点

时间具有以下特点。
（1）流动性。时间的流动不以人的意志为转移，永不停息。
（2）不可逆性。时间无法倒流，永远往前。
（3）连续性。时间不会间断，具有周期性。

（4）均匀性。时间是均匀流失的。

（5）无直观性。时间没有具体形态，即没有直观的形象，人们看不见也摸不到，需要通过某种媒介来表达。

二、幼儿时间认知的基本内容

人们看不见、触不到时间，对于时间的认知通常是借助外部世界中各种事物的发展变化而获得的。例如，人体的生理发展节律、自然界的四季变化、太阳和月亮的升落等。幼儿对于时间的认知主要包含以下几个方面。

（一）时间单位

幼儿理解和掌握的时间单位概念主要有年、季、月、周、天、时、分、秒等，但是这些时间单位概念极少单独出现，主要与数字进行结合。例如，一周有7天，一天有24小时等。有时，小班幼儿与大班幼儿对时间的认知存在很大差异。小班幼儿主要是对一些细节有所认知，大班幼儿则可以对抽象性的描述有所掌握。

（二）时间定向

时间定向是指不同时间词之间的对应关系，它要求幼儿能说出并理解对应的时间词。例如，幼儿可以把上午和下午、白天和晚上相对应。

（三）时间顺序

时间顺序是指事物发展的先后顺序。研究表明，幼儿对时间顺序的了解和认知从3岁开始，4岁之后发展较为迅速。幼儿时期，幼儿对于数字1～10的认知较为成熟，因此，很多幼儿对这些数字对应的时间具有较好的认知。由此可见，幼儿对时间顺序的认知与对数字的认知存在一定的关系，也可以说后者是前者的基础。

（四）时间估计

幼儿对时间的估计是幼儿时间认知学习的一项重要内容。这与幼儿的思维能力水平有很大关系，有些幼儿能够根据家长的日常言语估计时间，有些幼儿能根据周围事物的变化（如季节的更替）估计时间。

三、幼儿时间认知的影响因素

幼儿对于时间的认知受多方面因素的影响，其中既有内在因素的影响，也有外在因素的影响。

（一）幼儿抽象思维能力的发展

幼儿对于时间的认知本就是一种抽象的思维发展过程，需要幼儿具备一定的抽象思维能力。皮亚杰的认知发展阶段论指出，幼儿从3岁开始出现对于时间的认知，此时他们对于抽象事物的掌握仍需要借助具体的事物，将具体事物作为构建认知的桥梁。由于幼儿的思维具有不可逆性，所以，他们建立起对于时间的认知也是有一定难度的，具体情况与幼儿的抽象思维能力发展程度有很大关联。

（二）对数字的掌握程度

大多数幼儿对10以内数字的认知比10以外数字的认知水平更高。幼儿在进入幼儿园之前，就对数字有或多或少的认知。进入幼儿园之后，幼儿认知的数字也多在10以内，这时再慢慢地加入时间元素，他们对时间的认知就更容易一些。因此，幼儿对时间的认知与对数字的掌握程度有密切关系。

（三）生活环境的影响

幼儿对时间的认知存在一定的个体差异，这种差异性主要体现在两个方面。一是不同年龄段幼儿的认知存在差异；二是同年龄段的幼儿对各项具体内容的认知程度不同，如在时间单位、时间定向等方面表现出不同程度的认知差异。这可能与每个幼儿独特的生活环境有关。

四、幼儿时间认知的特点

（一）时间认知的发展

时间和空间一样，是运动着的物质存在的基本形式。时间本身的特点会给幼儿的认知带来困难，因此时间认知对幼儿的抽象思维能力有更高的要求。认知发展心理学在这一领域的研究任务就是揭示幼儿认知时间的过程；探索不同年龄段幼儿认知时间的特点和规律，以及制约这一过程的条件、因素等。幼儿时间认知的精确性同其生活经验有密切的关系。一般来说，幼儿对时、日这些时间单元的认知在先，对更小的时间单元（分、秒）和更大的时间单元（周、月、年）的认知在后。总之，幼儿的时间认知水平是伴随其成长的过程而逐渐发展的。

（二）时间认知的重要性

哲学家曾说："时间是物质运动的顺序性和持续性，其特点是一维性，是一种特殊的资源。"时间这种特殊资源具有4个独特性。一是无法蓄积，时间无法像人力、财力、物力和技术那样被储藏。不论行为者是否愿意，他都必须消费时间。二是供给无弹性，时间的供给量固定不变，每天都是24小时，不会增加或减少。三是无法取代，时间是开展任何活动所不可缺少的基本资源，因而无法被取代。四是无法失而复得，时间的丧失是永久性的，任何人都无力挽回。

（三）时间概念的重要性

大多数幼儿对时间没有准确的概念，只知道天黑了或天亮了。在学前教育当中，教师帮助幼儿掌握时间概念是很重要的。人类的时间概念主要来源于观察到的自然运动（含天体运动）和人文运动（含历史进程）的有序性，来源于这些有序运动的节律性或律动性。时间概念产生的原因就是我们所处的世界处于不断的运动变化之中。为了认识和了解变化着的周围环境，人类产生了时间概念，用时间将各种不同的运动状态和形式联系起来。对于幼儿来说，他们并不知道什么是时间，但他们知道什么时候要吃饭，什么时候该睡觉，什么时候爸爸妈妈会带他们出门玩耍。这就是幼儿对于时间的初步认识。

第二节　幼儿时间认知水平的发展

幼儿对于时间的认知，是客观事物运动、变化的延续性和顺序性在意识中的反映。

一、幼儿认知时间概念的一般规律

幼儿很早就表现出对时间感兴趣，随着语言的不断发展，幼儿能够使用一些时间词汇，但真正理解时间的意义对幼儿而言是一道难题。幼儿在时间认知上表现出以下几个特点。

（一）易受实际生活影响

幼儿多是在感性的基础上形成时间概念的，往往对时间概念的认知不够准确，带有模糊性。例如，幼儿往往会将"早上"与"起床、刷牙、洗脸、吃饭、坐校车去幼儿园"等日常生活情节相联系。

（二）易受知觉的影响，把时间和空间等同起来理解

皮亚杰曾做过实验，让两个幼儿站在同一起跑线上，发出信号让他们同时开始赛跑并同时结束，跑得快的跑的距离长一些，跑得慢的跑的距离短一些。跑完后问幼儿是否是同时开始比赛、同时结束比赛的，幼儿回答是同时开始比赛的，但是跑得快的更晚结束（幼儿认为跑得快的跑的距离更长一些，所以更晚结束）。由此可见，幼儿未能把时间和空间区分开来，没能将不同速度纳入统一的时空参考系，易受知觉的影响。

（三）更易理解短周期内的时间顺序

幼儿更容易理解短周期内的时间顺序，通常从理解一天中的早、中、晚逐渐过渡到理解一个星期、一个月、一年。

二、幼儿认知时间概念的年龄特点

3～4岁，幼儿掌握简单的时间概念，如早、中、晚。幼儿对时间的理解往往和生活中的事件相联系，还不能掌握有相对意义的时间概念，如昨天、今天、明天。

4～5岁，幼儿基本能知道一天中会经历早、中、晚，能逐步认知昨天、今天、明天。

5～6岁，幼儿能认知前天、后天，开始具有"星期几""几点钟"的概念。

第三节 幼儿时间认知学习任务实施

开展任务实施课能够更好地将幼儿时间认知学习的理论知识应用于实践，切实提高准幼儿教师的实际授课技能，模拟以后的工作场景，为以后走上幼儿教师岗位能够迅速实现角色转变，并在岗位上做出优异成绩，奠定综合技能基础。

学生在制作教具的过程中要综合考虑多种主题，并将主题融入教具制作中，实现幼儿综合素质的提升，并提升课堂效果。

一、提出任务

准备一节幼儿时间认知数学课。

（一）基本要求

（1）教授幼儿学会看钟表。

（2）让幼儿通过动手操作理解钟面上刻度的含义。

（3）教育幼儿学会珍惜时间。

（4）运用蒙氏教学理论，结合手工、绘画、活动设计、幼儿口语，设计制作教具，完成教学设计、教学展示。

（二）提升要求

（1）考虑幼儿的心理特点，结合生活实际，从教具的颜色、卡通形象的加入、有趣故事的融入等方面提升教具的趣味性和实用性，提升课堂效果。

（2）在教学过程中，本着提升课堂效果的目的，教师可以适当扩充教学目标。

二、任务准备

（1）教师指定分组或学生们自由组合（4人一组为宜）。

（2）教师结合示例教具进行讲解，启发学生的制作思路。

（3）学生以组为单位对教师讲解的示例教具进行研讨，充分了解每个示例教具的制作思路和创新点，并查找资料，确定本组的教具制作方案（教具制作方案表附后）。

（4）学生准备教具制作材料（太空泥、卡纸、彩笔、剪刀、胶水等）。

三、任务实施

（一）制作教具

各组学生填写教具制作方案表，并根据教具制作方案表选择适合本组的材料进行制作。

（二）教学设计

结合制作好的教具，各组学生填写并完善教学活动设计方案（教学活动设计方案表附后）。

（三）教学展示

以小组为单位，根据教学活动设计方案表，一位学生扮演教师（根据教学活动设计，可以有助教等角色），其他学生扮演幼儿，运用制作的教具完成5～10分钟的教学展示。

（四）评价反思

教师组织学生自评、小组互评，教师总结评价本节幼儿数学课的课堂效果，并提出改进意见。

四、任务实施示例

下面我们用4个详细示例为大家提供更加直观的参考素材。学生们在参考示例活动时要重点思考示例能够实现的教学目标和教具制作的创新点，以便为本组教具制作方案、教学活动的设计提供思路。

示例一

1. 活动名称

大班数学活动："小猪的时间表"。

小组成员：A、B、C、D、E。

分工：A负责制作钟表和装饰鞋盒，B、C负责捏制太空泥和做卡纸等，D负责写教案，E负责解说。

2. 活动目标

① 让幼儿通过观察初步了解时钟的表面结构及分针、时针的运转关系。

② 通过辨一辨、读一读、拨一拨，引导幼儿正确认读整点、半点。

③ 教育幼儿珍惜时间，并养成按时作息的好习惯。

3. 活动准备

（1）知识准备

① 牢固掌握本章第一节、第二节的内容。

② 认识多种类型的钟表，并观察其特点。

（2）物质准备

① 准备鞋盒、卡纸、太空泥、一次性盘子、剪刀、双面胶等。

② 将一次性盘子装饰为钟表，用卡纸装饰鞋盒，并用双面胶固定住。

③ 做一些时间卡纸，并用双面胶将其固定在鞋盒上。

④ 用太空泥做一些卡通形象，制作完成。

制作好的"小猪的时间表"教具如图8-1所示。

图8-1 制作好的"小猪的时间表"教具

4. 活动过程

（1）新课导入

教师："小朋友，今天猪妈妈的新店开张了，它邀请我们过去，我们开着汽车出发吧！"教师放音乐，带领幼儿进入活动场地。

（2）示范玩法

①简单了解时钟的作用。

教师："猪妈妈开了一家时钟店，小朋友们，你们看见过时钟吗？你们知道时钟有什么作用吗？"（时钟能告诉我们时间，人们的学习、工作、生活都离不开它）

②简单认识钟面，初步了解分针、时针的运转关系。

教师："小朋友们想不想和时钟做朋友呀？那我们就一起来认识时钟吧！我们有请小猪来介绍。"（播放提前准备的课件）

教师："时钟的钟面上有什么？（针和数字，主要认识分针和时针）请小朋友说一说这12个数字。最长的针叫什么名字？（秒针）最短的针叫什么名字？（时针）"

教师："时针、分针走得一样快吗？谁走得更快？"（鼓励幼儿互相讨论）

教师："我们有请猪妈妈告诉我们吧。"（播放提前准备的课件）

教师小结：分针走一圈，时针走一个数字，表示1小时。

（3）游戏竞技

教师将幼儿分组，与幼儿一起做游戏，复习认读整点和半点。

教师："老狼，老狼几点了？"

一组："八点了。"

二组：将表盘拨至八点位置。

（4）总结回顾

教师再次强调珍惜时间的重要性，教育幼儿珍惜时间，养成按时作息的好习惯。

图8-2所示为小组成员在进行"小猪的时间表"教学展示。

图8-2 小组成员在进行"小猪的时间表"教学展示

5. 活动延伸

幼儿放学之后观察一下到家时间，看看家里几点吃晚饭，把时间记录下来，第二天到幼儿园和同学分享。

6. 活动评价

本次活动充分调动了幼儿的学习兴趣。教师通过组织幼儿观看多媒体课件和指导幼儿亲手拨道具时钟，把抽象思维和直接触摸结合起来，能较好地调动幼儿参与的积极性。幼儿与教师对时钟的辨一辨、读一读、拨一拨，能让幼儿体验活动的乐趣。

7. 教具制作的反思改进

教具制作得不够精美，教师可以多做几种幼儿喜欢的图形，以增强幼儿学习的兴趣。

示例二

1. 活动名称

大班数学活动："忙碌的小螃蟹"。

小组成员：A、B、C、D。

分工：A负责解说，B负责制作小螃蟹钟表，C、D负责制作其他小螃蟹及小模具。

2. 活动目标

①通过观察钟面，幼儿探索发现整点时分针和时针的位置规律，学会辨认整点。

②幼儿能够懂得时钟与人们生活的关系，知道掌握时间的重要性。

3. 活动准备

（1）知识准备

①牢固掌握本章第一节、第二节的内容。

②认识多种类型的钟表，并观察其特点。

③准备有关的课堂小故事。

（2）物质准备

①准备硬纸板、卡纸、剪刀、多种颜色的太空泥、胶水等。

②用剪刀在硬纸板上裁出一个圆形做小螃蟹的身体。

③用剪刀在卡纸上裁出小螃蟹的腿脚和时针、分针，并用胶水把它们粘在身体上。用太空泥做出1～12的数字后粘在身体上，做出小螃蟹钟表。

④用不同颜色的太空泥做出其他小螃蟹及小模具，制作完成。

制作好的"忙碌的小螃蟹"教具如图8-3所示。

图8-3　制作好的"忙碌的小螃蟹"教具

4．活动过程

（1）新课导入

教师讲述故事"小螃蟹快乐的一天"，激发幼儿对时钟的兴趣。

（2）示范玩法

教师和幼儿一起讨论小螃蟹一天的生活，引导幼儿体会生活中掌握时间的重要性。

①小螃蟹去春游了吗？为什么没去成？

②小螃蟹应该几点钟起床？它是几点钟起床的？

③小螃蟹到饭店是几点钟？

④小螃蟹为什么没有吃上饭？

⑤小螃蟹到幼儿园是几点钟？

⑥小螃蟹为什么迟到？它是几点钟睡觉的？

（3）游戏竞技

教师通过讲故事的形式，说出小螃蟹在几点钟做了什么，让幼儿拨动钟表的时针、分针进行时间的展示。

（4）总结回顾

教师通过游戏的形式，增强幼儿对于时间的认知。幼儿参与课堂活动，直接触摸、拨动钟表，有助于培养幼儿的时间观念。

图8-4所示为小组成员在进行"忙碌的小螃蟹"教学展示。

图8-4　小组成员在进行"忙碌的小螃蟹"教学展示

5. 活动延伸

幼儿拿着钟表，演示自己每天几点起床，几点去幼儿园等。

6. 活动评价

本次活动既展示了小螃蟹的一天，又让幼儿演示了自己的一天，增强了幼儿对于时间的认知。

7. 教具制作的反思改进

教具材料太空泥的黏性不足，用双面胶固定更为保险。小模具的形状不是特别理想，外表不够精美，争取下一次改进。

示例三

1. 活动名称

大班数学活动："向日葵钟表"。

小组成员：A、B、C、D。

分工：A负责绘画，B、C负责制作向日葵钟表，D负责解说。

2. 活动目标

① 让幼儿了解关于向日葵的知识。

② 提高幼儿学习时间知识的兴趣。

3. 活动准备

（1）知识准备

① 牢固掌握本章第一节、第二节的内容。

② 了解向日葵的相关知识。

（2）物质准备

① 准备太空泥、彩笔、素描纸等。

② 用太空泥捏制出向日葵钟表。

③ 在素描纸上画出向日葵向阳的三个阶段图像并用彩笔上色，制作完成。

制作好的"向日葵钟表"教具如图8-5所示。

图8-5 制作好的"向日葵钟表"教具

4. 活动过程

（1）新课导入

教师："老师给小朋友们带来了小礼物。（拿出可爱的向日葵钟表）大家在日常生活中见过向日葵或它的种子吗？"

（2）示范玩法

教师拿出教具附带图画，展示早上、中午、下午三个特殊时间点向日葵朝向太阳的形象，讲解向日葵的生物特性。

（3）游戏竞技

教师指定时间，让幼儿在向日葵钟表上拨动指针以展示对应时间，看看哪组做得又好又快。

（4）总结回顾

教师总结本节课所涉及的知识，让幼儿对时间有一个基本的概念，知道应该在什么时间段做什么事情。教师让幼儿按照时间顺序讲述自己的生活。

图8-6所示为小组成员在进行"向日葵钟表"教学展示。

5. 活动延伸

教师讲解关于向日葵的知识，并让幼儿回家讲给父母听。

6. 活动评价

本次活动借用向日葵的形象吸引幼儿学习。教师在课堂中讲解了向日葵的生物特性，让幼儿知道了关于向日葵的常识。

图8-6　小组成员在进行"向日葵钟表"教学展示

7．教具制作的反思改进

教具附带图画有点简单，画面不够美观、鲜艳，需要改进。

示例四

1．活动名称

大班数学活动："三只小猪"。

小组成员：A、B、C、D。

分工：A负责解说，B、C负责捏制太空泥，D负责制作、装饰底板等。

2．活动目标

① 幼儿能够认识整点时间。

② 幼儿能够建立良好的时间观念。

③ 幼儿能够讲述三只小猪的故事。

3．活动准备

（1）知识准备

① 牢固掌握本章第一节、第二节的内容。

② 了解幼儿现阶段手部肌肉的发育状况，看幼儿是否能利用各种手工材料和工具进行有目的的创作。

（2）物质准备

① 准备纸板、白色泡沫板、太空泥、白纸、双面胶、铁丝、蜡笔等。

② 在纸板和白色泡沫板四边都贴上双面胶，将它们粘贴成一块底板。

③ 用太空泥做出小猪和大灰狼。

④ 在白纸上画出一个时钟和三个小房子，用蜡笔给小房子涂上颜色，然后把这张纸贴在底板上。

⑤ 把小猪和大灰狼用铁丝穿起来，固定在底板上，制作完成。

制作好的"三只小猪"教具如图8-7所示。

图8-7　制作好的"三只小猪"教具

4．活动过程

（1）新课导入

教师："小朋友们，小猪可爱不可爱呀？我们今天一起来跟小猪做游戏吧。"教师出示教具，并与幼儿一起学习钟表上的数字。

（2）示范玩法

小猪的一天开始了，让小猪按照顺时针方向依次停留在钟表的时间数字上，教师讲解如何正确识读钟表。

（3）游戏竞技

教师将幼儿分组，根据前面的教学，看看哪个小组对钟表更加熟悉。

（4）总结回顾

教师主要以"小猪的一天"为主线进行教学，让幼儿通过故事进行时间的认知学习，课堂气氛活跃。

图8-8所示为小组成员在进行"三只小猪"教学展示。

图8-8　小组成员在进行"三只小猪"教学展示

5. 活动延伸

三只小猪配合展示时间，如一号小猪往前走了一个小时的距离，二号和三号小猪也往前走一个小时的距离。

6. 活动评价

本次活动体现了创新思维，用铁丝将小猪固定的方法便于幼儿操作和教师向幼儿展示，增强了授课的趣味性。

7. 教具制作的反思改进

纸板上的轨道太窄，小猪移动不顺畅，需要增加轨道宽度。钟表的外表过于简单，整体颜色难以吸引幼儿的注意，争取下一步改进。

部分学生在课堂上的教具作品及教学展示如图8-9、图8-10所示，供大家参考。

图8-9　钟表大转盘

图8-10　时间摩天轮

课后思考

1. 时间的"相对性"该如何理解？请大家自主查询相关书籍、文章并进行思考。

2. 你掌握了几种教授幼儿时间认知的方法？思考一下，还有其他教学方法吗？

3. 你觉得最有创意的是哪组教具，为什么？你有什么好的改进建议吗？

教具制作方案表

课本章节	
理论知识准备	【教师讲授】 【自主探索学习】
要实现的教学目标	
教具名称	

小组成员					
成员分工					

教具制作所需材料	
制作过程	
教具创新点	
课后反思	

教学活动设计方案表

活动名称	
角色扮演分配	教师: 幼儿:
活动目标	
活动准备	
活动过程	
活动延伸	
活动评价	
活动创新点	

第九章

幼儿思维能力训练

幼儿思维能力训练是依据幼儿的身体、心理特征和认知水平，以促进幼儿思维能力发展为目的的活动。幼儿通过科学的训练获得思维能力的发展，有助于他们更快、更多、更好地获取知识。本章主要针对幼儿思维能力训练的相关知识，以及幼儿数学在思维能力训练中的应用等进行讲述，通过实施幼儿思维能力训练任务来锻炼幼儿的思维能力。

学习目标

1. 了解思维及思维能力的概念，掌握幼儿思维能力训练的方法。
2. 掌握幼儿数学在思维能力训练中的应用。
3. 能够灵活融入各种主题，以理论知识为基础进行教具的设计。
4. 能够以教具为载体，组织高水平的幼儿思维能力训练课。

第一节　幼儿思维能力训练概述

柏拉图说："思维是灵魂的自我谈话。"无论是学生的学习活动，还是人类的一切发明创造活动，都离不开思维，思维能力是学习能力的核心。思维能力训练可以有效地改善思维品质，提升思维能力。

一、思维能力的基本知识

幼儿阶段是思维能力发展的启蒙阶段，合理、有效的思维能力训练对幼儿思维的发展具有重要意义。准幼儿教师只有了解思维的概念及思维能力的概念及分类，才能更好地找到教学的出发点，灵活运用科学的教学方法，更好地达到教学目的。

（一）思维的概念

思维是人类所具有的高级认识活动，是人用头脑进行逻辑推导的过程。通常意义上的思维，涉及所有的认知或智力活动。它能够探索发现事物的内部本质联系和规律性，是认识过程的高级阶段。

思维活动包括分析与综合、比较与分类、抽象与概括。

分析与综合是最基本的思维活动。分析是指在头脑中把事物的整体分解为各个组成部分的过程，或把整体中的个别特性、个别方面分解出来的过程；综合是指在头脑中把事物的各个组成部分联系起来，或把事物的个别特性、个别方面结合成整体的过程。分析与综合是相反而又紧密联系的同一思维过程不可分割的两个方面。

比较是在头脑中确定对象之间差异点和共同点的思维过程。分类是根据对象的共同点和差异点，把它们区分为不同类别的思维方式。比较是分类的基础。比较在认识客观事物中具有重要的意义。只有通过比较，才能确认事物的主要和次要特征、共同点和差异点，进而把事物分门别类，揭示出事物之间的从属关系，使知识系统化。

抽象是在分析、综合、比较、分类的基础上，抽取同类事物共同的、本质的特征，并舍弃非本质特征的思维过程。概括是把事物的共同点、本质特征综合起来的思维过程。抽象是概括的必要过程和前提。

（二）思维能力的概念及分类

思维能力指通过分析、综合、比较、分类、抽象和概括等一系列过程，对感性材料进行加工并将其转化为理性认识，帮助解决实际问题的能力。思维能力参与、支配着一切智力活动。

根据不同的分类方法，思维能力可分为不同的类型。

（1）根据解决问题时的思维方式，思维能力可以分为直观动作思维能力、具体形象思维能力和抽象逻辑思维能力。

直观动作思维能力又称实践思维能力，是凭借直观感知、伴随实际动作进行思维活动的能力。实际动作便是这种思维能力的支柱。具体形象思维能力是运用已有表象进行思维活动的能力。表象便是这种思维能力的支柱。抽象逻辑思维能力指通过概念、判断、推理等形式认识事物的本质特性和内在联系的能力。概念是这种思维能力的支柱。幼儿思维能力的发展，一般会经历直观动作思维能力、具体形象思维能力和抽象逻辑思维能力三个阶段。幼儿在成长过程中要解决实际问题时，这三种思维能力往往相互联系、相互补充，共同参与思维活动。

（2）根据解决问题时的思维方向，思维能力可以分为聚合思维能力和发散思维能力。

聚合思维能力又称求同思维能力、集中思维能力，是把问题所提供的各种信息集中起来，得出一个正确的或最好的答案的能力。发散思维能力又称求异思维能力、辐射思维能力，是从一个目标出发，沿着不同途径寻求多种答案的能力。例如，数学中的"一题多解"，科学研究中针对某一问题提出的多种解决设想。聚合思维能力与发散思维能力都是智力活动中不可缺少的能力，都带有创造的成分，而发散思维能力最具有创造性。

（3）根据创新成分的多少，思维能力可以分为常规思维能力和创造性思维能力。

常规思维能力是指人们运用已获得的知识经验，按惯用的方式解决问题的能力。创造性思维能力是指以新异、独创的方式解决问题的能力。

二、幼儿思维能力训练的重要性

思维能力是幼儿学习其他知识的基础，通过科学的训练所获得的思维能力发展，能帮助幼儿更快、更多、更好地获取各种知识。

（一）幼儿思维能力训练概述

思维能力训练是一种有目的、有计划、系统的教育活动，是20世纪中期诞生的一种头脑智能开发和训练技术。其核心理念是相信"人脑可以像肌肉一样通过后天的训练强化"。有效的思维能力训练可以让思维变得更快、更严谨，从而使人在激烈的竞争中胜出。

幼儿思维能力训练指利用图形、动画、音像等视觉、听觉信息来引导幼儿提高学习积极性，增强幼儿的语言表达能力、动手动脑能力、逻辑思维能力及空间想象能力。幼儿思维能力训练有以下要点。

1. 语言教育占据重要地位

幼儿时期是人一生中语言发展的关键期。仅从语言和思维的关系来看，深刻的思维从形成到表达都必须借助语言这一系统，贫乏的语言无疑会影响思维能力的发展。利用幼儿数学课堂来更好地培养幼儿的语言表达能力，促使幼儿形成灵活多变的思维方式，是本书的研究内容之一。

2. 提高幼儿学习的积极性是前提

美国心理学家布鲁纳说："学习的最好刺激乃是对学习材料的兴趣。"而幼儿的特征是爱美、喜新、好奇、求趣，一切美、新、奇、趣的东西都能引起幼儿的注意，使幼儿产生强烈的兴趣和表达的欲望。幼儿能够在轻松愉悦的氛围中主动学习、积极探索，这就为幼儿思维能力的发展奠定了坚实的基础。因此，教师可以充分运用教具、多媒体课件等手段，增强幼儿学习的积极性、主动性，这是幼儿获取知识技能、发展思维能力的前提。

3. 顺应幼儿思维能力发展的阶段特征

幼儿思维是人类思维发展的低级阶段：2～3岁是直观动作思维能力发展阶段，3～6岁是具体形象思维能力发展阶段，5～6岁是抽象逻辑思维能力发展的萌芽阶段。只有为幼儿创设合适的情境，关注幼儿思维能力发展的黄金期，才能促进幼儿思维的活跃发展，奠定幼儿的思维能力基础。

（二）幼儿思维能力训练的意义

一个人有没有智慧，通常意义上就是看他思维能力的强弱。要使个体聪明、智慧，最根本的办法就是培养其思维能力。幼儿的智力特征一般分为8项，分别是突出的逻辑推理能力、对知识的好奇、具备抽象逻辑思维、思维过程缜密复杂、想象力丰富、注意力专注、具备发散性思维、具备较高的创造力。

叶圣陶先生在《谈语文教本》中写道："能力的长进得靠训练，能力的保持得靠熟悉，其间都有个条理、步骤，不能马马虎虎一读了之。"

在日常生活中我们发现，部分幼儿做事情非常强调精确性和逻辑性，这显然与他们受到的训练有关。简单地说，思维能力训练的重点在于4个字——全面均衡。所谓全面，不是让幼儿今天背《三字经》，明天背《论语》，而是强调知识的全面、科学、系统；所谓均衡，不是指平均，而是在科学分析幼儿个体实际情况和发展需要的基础上进行科学训练，发挥长处、补齐短板。思维能力训练是一个极其严谨的过程，容不得半点虚假。教育家蒙台梭利认为，2～9岁是幼儿进行思维能力训练的关键时期，利用这个宝贵的机会对幼儿进行思维能力训练将会影响他们的一生。从这个意义上讲，思维能力训练是不可替代的，也是不可缺少的。

开展幼儿思维能力训练的好处包括以下几个方面。

1. 提高幼儿的逻辑思维能力

幼儿思维能力训练很多时候是以口语的形式来进行的。这样不仅能让幼儿学会如何流畅地表达自我，还能使他们在大脑当中形成一定的逻辑流程。同时，这样的训练还会使幼儿逐渐变得自信，即使在大的场合中也能有逻辑地回答问题，而不会怯场。

2. 帮助幼儿正视自己

幼儿特别容易因为生活中的一些事情表现好而产生自满骄傲的心理，这会阻碍幼儿更好地发展。幼儿思维能力训练能给幼儿一个好的引导，让他们能够处理好这些心理问题，虚心向优秀的人学习，并且成为更加优秀的人。

3. 帮助幼儿养成好习惯

所谓好习惯，就是指对生活中各个方面的规划，包括时间、学习等。当幼儿养成好的习惯后，他们就能把生活中的事情处理得井井有条，不会让时间白白浪费，而是有时间去做许多有意义的事。

幼儿思维能力训练具有非常重要的意义，它可以减少幼儿的惰性，为幼儿未来的成长奠定思维能力基础。

三、幼儿思维能力训练的方法

现在，家长对幼儿思维能力的训练越来越重视，社会上的早教机构也越来越多。幼儿园也应注重进行幼儿思维能力训练，不仅仅要传授知识，更重要的是发展幼儿的思维能力。这就要求教师在了解幼儿的思维能力发展水平的同时，帮助幼儿掌握越来越复杂的思维方法。

幼儿思维能力训练的方法主要包括以下几个方面。

（一）抓住幼儿思维能力发展的3个黄金阶段

2～3岁是直观动作思维能力发展培养的黄金阶段，3～6岁是具体形象思维能力发展培养的黄金阶段，5～6岁是抽象逻辑思维能力发展培养的黄金阶段。教师在设计教学活动时要顺应幼儿思维能力发展的阶段特征，这样才能有效地提升幼儿的思维能力。

（二）充分运用实物教具

幼儿身心发展的特点决定了实物教具在教学活动中的重要性。因为三四岁的幼儿好动，思维具有直观性的特点，所以合适的实物教具在教学活动中必不可少。教师根据幼儿特点开发出实物教具，让幼儿通过行为来操作这些实物教具，可以加深幼儿对教学内容的了解和认识，并在大脑皮层留下深刻的印象。新奇的实物教具可以有效吸引幼儿的注意力，让幼儿产生强烈的学习兴趣；适应教学活动情境的实物教具可以提升课堂教学效果。

（三）巧设创造性提问

　　幼儿在学习过程中，理解能力影响着思维能力。教具本身并不一定能对幼儿的口头表达能力、理解能力、想象力的发展起到决定作用，这些能力的发展与教师正确地运用这些教具对幼儿进行教学有关系。在教学活动中，教师适时地提问和指导，幼儿才有锻炼自己的机会，思维能力才能得到提高。教师应选择合适的教学方法，促使幼儿反复思考、观察，并结合生活经验不断说出解决问题的新方法。这既激发了幼儿的求异思维，又培养了幼儿的语言表达能力。幼儿在教师设计的创造性提问中能够多动脑筋，不断想出和别人不一样的答案，变枯燥为有趣，变被动为主动；幼儿不仅爱学、会学、渴望学，而且能够在学习中不断开发创造性思维。这也有助于进一步优化教学活动结构，进行多领域的知识渗透，使幼儿在不断探索中形成各具特色的思维能力。

（四）巧妙设置游戏

　　陈鹤琴先生说过，儿童的世界是儿童自己去探讨发现的，他自己所求来的知识才是真知识，他自己所发现的世界，才是他的真世界。因此，教师可以巧妙设置游戏，让幼儿动手操作，边玩边讲，将娱乐与教育融为一体，增强教学活动的趣味性，从而使幼儿的思维能力在亲自感知、自我探索、自我发现和创造交流的过程中得到进一步发展。幼儿参与游戏可以锻炼其阅读能力、理解能力、解决问题的能力、记忆力和判断力，简单不枯燥，使幼儿在玩中学、学中玩，玩学皆有所得。

（五）注重思考方法的传授

　　学前教育的关键不是提前灌输小学应学的内容，思维能力训练的关键更不是提前学习奥数，而是奠定学习理论、概念的基础。也就是说，教师应教会幼儿怎么思考、如何高效学习，从而使幼儿进入小学之后能够从容适应小学生活。

　　通过以上几个方面我们可以得出，顺应幼儿思维能力发展的阶段特征，合理运用实物教具，调动幼儿的主动性和积极性等，都是促进幼儿思维能力发展的有效方法。

第二节　幼儿数学在思维能力训练中的应用

　　培养幼儿的思维能力是幼儿数学教学中的一项重要任务，这既符合数学的学科特点，也符合幼儿的思维特点。另外，数学知识的学习也为培养幼儿的思维能力提供了有利的基础支撑。

一、数学与思维能力

　　幼儿数学教学要以训练和发展幼儿的思维能力为核心，顺应幼儿的心理特点，通过恰当的思维能力训练来促进幼儿思维能力的自主、充分、和谐发展。

（一）数学思维概述

数学能力包括两个方面的能力，一方面是数学运算能力，另一方面是数学思维能力。数学运算能力是数学的基础能力，强调记忆与熟练度，对于低年级的学生比较重要。数学思维能力是一种高级能力，强调借助抽象的数字符号和概念进行思考与推理。很多学生在小学低年级时成绩优异，但到了四五年级时成绩就出现了差异，问题的关键就在于数学思维的培养。

1. 数学思维的概念

数学思维就是用数学思考问题和解决问题的思维活动形式。数学思维也就是人们通常所指的数学思维能力，即能够用数学的观点去思考问题和解决问题的能力。

数学思维教学指教师在教学活动过程中，引导学生根据数学素材进行具体化的数学构思和数学运算，形成数学感知，也就是我们常说的"数感"。

2. 十大数学思维能力

数学学习并不是为了应付考试，而是为了解决生活中的问题。所以，十大数学思维能力是全面发展的数学思维能力，并不局限在计算方面。

（1）数量。数量是幼儿学习数学的入门知识，一般从读数、计数两方面入手，利用实物让幼儿感知其含义。

（2）计算。对于幼儿来说，计算并不是要进行多大难度的数字运算，而是要让幼儿知道加减所代表的含义，让他们对生活中可以进行加减运算的实物做简单的计算比较，夯实数学基础。

（3）分类。无论是简单的形状和颜色分类，还是多元化的分类，都能够培养幼儿对高矮、粗细、大小、颜色等的感知和辨别能力。教师刚开始教学可以使用单一的并且特征相差较大的物体，培养幼儿的分类能力，在此基础上可以让幼儿根据物体的细微特征进行分辨归类。

（4）集合。集合在数学中是一个非常重要的概念，所有的计算和概念都是建立在集合的基础之上的。如果集合的概念弄清楚了，那么在解决数学问题时，就会简单很多。例如，在计算小明有10颗糖，小毛有8颗糖，小明比小毛多几颗糖时，小明的糖和小毛的糖就各是一个集合，本质就是两个集合比较相减。

（5）时间。时间是一个比较抽象的概念，幼儿理解并在大脑中建立一定的时间概念有一些难度。教师带领幼儿感知时间时，比较有效的方式有利用实物钟表讲解，观察太阳等自然界事物的变化，感受黑夜和白天等。

（6）空间。人类本就生活在立体空间中，空间也是一个较为抽象的概念。要想培养幼儿的空间认知能力，比较有效的方式是在生活中让幼儿感受前后左右、东南西北、上下等方位，也可以让幼儿通过玩积木游戏来培养空间感。

（7）对应。幼儿根据不同的特征、条件找相同、相似的对象是对应关系的一种表现。拓展幼儿思维的宽度对于培养对应能力非常重要。教师要让幼儿能够发现不同事物之间的联系，或利用某些指定条件来发展创新思维，发现对象内在联系。

（8）排序。排序指按照一定的规则为一组对象建立顺序。幼儿阶段的排序一般可以是从高到低、从大到小，或者是将一组图片按序拼接等。

（9）抽象。因为幼儿的抽象逻辑思维并没有得到很好的发育，所以在培养中不必过于苛求幼儿掌握难度较大的抽象概念。教师可以设置一些简单的任务让幼儿进行锻炼。例如，让幼儿说说妈妈今天穿的衣服和昨天有什么不同，幼儿可能从衣服的数量、颜色、大小甚至手感等方面描述出不同。

（10）解决。解决问题是数学思维能力培养的最终目的。教师应培养幼儿把学习到的数学知识应用到实际生活中，解决自身遇到的一些问题或向别人描述一些生活中的数学内容。例如，在吃东西时能够表达自己的需求，坐电梯时能够根据数字按键找到想要到达的楼层等。

（二）数学与思维能力的关系

数学是一门抽象的科学，数学知识具有高度的逻辑性和抽象性。学习数学不仅仅是学习数学知识，更重要的是数学能力的培养。

1. 数学对思维能力发展具有促进作用

学习数学可以锻炼幼儿的思维能力，特别是逻辑思维能力与空间想象能力。逻辑思维能力是指正确、合理思考的能力，即对事物进行观察、分析、综合、比较、分类、抽象、概括、判断、推理的能力，是采用科学的逻辑方法，准确而有条理地表达自己思维过程的能力。逻辑思维能力不仅是学好数学必须具备的能力，也是学好其他学科、处理日常生活问题必须具备的能力。幼儿的思维正在从具体形象思维向抽象逻辑思维过渡，学习数学能更好地促进这个过渡。数学知识的实际应用促进了幼儿逻辑思维能力的发展。

空间想象能力是人们对客观事物的空间形式进行观察、分析、认知的能力。空间想象能力包括以下内容：能根据空间几何形体或表述空间几何形体的语言、符号，在大脑中展现出相应的空间几何图形，并能正确想象其直观图；能根据直观图，在大脑中展现出直观图表现的空间几何图形及其组成部分的形状、位置关系和数量关系；能对头脑中已有的空间几何图形进行分解、组合，产生新的空间几何图形，并正确分析其位置关系和数量关系。空间想象能力的提升是逐级向上的，有明显的层次性。在平面图形和立体图形相关内容的学习中，把握学习规律，有意识、有针对性地开展学习，能有效地提升幼儿的空间想象能力。

数学的学习对提升思维的敏捷性、灵活性、发散性等都有积极的促进作用，数学知识也可应用于思维能力训练中。

2. 思维能力的发展为数学学习提供可能

数学学习依赖于学生认知结构的发展水平，也就是依赖于学生的思维能力发展水平，思维能力的发展是学生学习的前提。例如，四年级的学生学习二年级的数学课程会感觉很轻松，反过来，二年级的学生学习四年级的数学课程会感觉很吃力，这就是思维能力的发展水平对数学学习的制约作用。思维能力发展对于数学学习的作用，体现在思维能力得到提升后能为学生学习新知识提供更多的可能性。例如，一位二年级学生的思维能力发展水平已经达到三年级学生的状态，他在学习中就能轻松接受并吸收相关知识，因为他的思维能力发展水平已经超出了课程设置的知识水平。

二、幼儿数学与思维能力训练的结合

学习数学对思维能力发展具有促进作用，所以幼儿思维能力训练往往会从数学入手，培养幼儿的数学逻辑思维能力。

（一）幼儿数学逻辑思维能力训练

培养幼儿的数学逻辑思维能力首先要明确学习数学不等于学习算术，算术能力只是学习数学的基础能力，学习数学更重要的是培养数学逻辑思维。良好的数学逻辑思维不仅可以帮助幼儿更好地理解数学题意，还可以帮助幼儿在其他科目中迅速找到更加有效、便捷的学习方法。

幼儿数学逻辑思维能力训练的方法如下。

1. 趣味教具的应用

教师应用合适的教具可以训练幼儿的数学逻辑思维。教师根据幼儿的思维特点、数学本身的性质提供教具，以形成具体生动的表象和概念。随着年级的升高，具体生动的成分逐渐减少，抽象成分不断增加。例如，幼儿形成"数"的概念就需要借助丰富的教具材料。教师在课堂中提供多样化的教具，将故事情境化，进行角色扮演、团队合作等，不仅可以生动形象地展示知识的变化过程，将抽象的知识概念化、趣味化，降低幼儿的理解难度，而且可以帮助幼儿培养数学学习兴趣。

2. 互动启发式课堂

教师要注重打造互动启发式课堂，帮助幼儿养成良好的思维习惯，提升幼儿主动思考和学习的能力。在互动启发式课堂上，教师可以将幼儿分组，进行师生之间或小组之间的互动教学，将具体的任务分解至各组、各幼儿，让幼儿带着自己的任务去完成课堂要求，表达本组或本人的观点。在完成任务的过程中，教师不断进行科学的引导，让幼儿主动思考问题，找到解决问题的途径。此种方式能够激起幼儿的积极性，使幼儿在学习过程中锻炼语言表达能力和沟通能力。

3. 关注实际生活

数学起源于实际生活，存在于生活的方方面面，是为人类服务的学科。所以，幼儿在发展数学逻辑思维的过程中要紧密结合实际生活。教师可以利用生活教学来锻炼幼儿的数学逻辑思维，这种生活教学能够让幼儿更好地理解数学知识。例如，幼儿经过路口时观察红绿灯的变化规律，寻找红灯、绿灯、黄灯的变化顺序和时间长短等特征，可以发现信号灯的点亮顺序。课堂上，教师可以用教具、模型等演示生活中的场景，或者尽量还原生活中的场景，也可以布置部分家庭任务，让家长带领幼儿观察。

4. 设计合适的教学方案

训练幼儿的数学逻辑思维能力要符合幼儿的身心发展规律。在越来越重视培养幼儿创造能力的今天，教师必须十分注重幼儿数学思维的方向性，要利用一切有利因素训练幼儿的发散思维。一个多方向、多层次的教学方案设计，对幼儿理解、掌握、储存、检索和应用知识非常有利。同时，幼儿身心发展的规律决定了教师在教学中不可能将知识一下子整体传授给幼儿，教师需要注意教学的层次性、阶段性，不同的层次、阶段反映了幼儿不同的思维能力水平和不同的思维品质。

（二）幼儿数学教育活动中幼儿思维能力的培养

幼儿园的五大教育领域包括健康、语言、社会、科学和艺术，其中数学教育是科学教育的重要组成部分。

教师只有建立正确的幼儿数学教育体系，了解幼儿数学的概念和特点，才能更好地找到教学的出发点，并采取科学的教学方法更好地达到教学目的。幼儿数学教育包括了解幼儿数学的内容、特点、教学方法，针对不同年龄段的幼儿制订不同的教育方案等。在此基础上，教师要创造快乐活泼的课堂氛围，培养幼儿的数学认知；开发幼儿的数学学习能力。幼儿数学学习是数学学习的前期基础部分，可以为以后学习更复杂的数学知识、建立数学体系打下基础。

结合幼儿园数学领域的教育目标，幼儿数学的内容主要包括集合、识数、数的运算、量的认知、平面的认知、立体的认知、时间和空间、逻辑思维能力训练等。学习幼儿数学对成长中的幼儿而言具有重要的价值，这些价值不仅仅体现在日常生活方面和幼小衔接方面，更体现在幼儿的思维能力训练方面。

幼儿数学教育活动有利于培养幼儿的逻辑思维能力。幼儿数学内容具有逻辑性强的特点，考虑到幼儿的接受能力，在幼儿数学教育活动中，教师会通过一系列的教学设定让幼儿把抽象的知识与实际生活经验、已有的知识相联系，并运用实物教具进行讲解。幼儿会不断理解深化，变抽象为具体，并在此过程中提高自己的逻辑思维能力。

幼儿数学教育活动有利于培养幼儿的发散思维能力。大多数的数学问题没有固定的解题思路，在幼儿数学教育活动中，教师要引导幼儿从多个角度思考问题，寻找多个解决问题的方法，鼓励发展幼儿的逆向思维。幼儿在参与幼儿数学教育活动的过程中不断动脑思考，提升了自身的发散思维能力。

幼儿数学教育活动有利于培养幼儿的创造性思维能力。在幼儿数学教育活动中，教师通过设计创造性问题，给幼儿提供创新的条件，鼓励幼儿自己动手体验并不断探索问题，使幼儿在实践中锻炼了自身的创造性思维。

幼儿在幼儿数学教育活动中不仅仅收获了数学知识，更重要的是在教师的引导下不断提升思维能力，这将对以后的学习和生活起到非常积极的作用。

第三节　幼儿思维能力训练任务实施

开展任务实施课能够更好地将幼儿思维能力训练的理论知识应用于实践，切实提高准幼儿教师的实际授课技能，模拟以后的工作场景，为以后走上幼儿教师岗位能够迅速实现角色转变，并在岗位上做出优异成绩，奠定综合技能基础。

幼儿思维能力训练部分的任务实施，要将数学知识与思维能力培养相结合，找到二者的契合点，使二者在学习过程中相互促进，形成良性循环，达到共同提升的目的。

一、提出任务

准备一节幼儿思维能力训练课。

（一）基本要求

（1）让幼儿从具体的实物操作中获取逻辑思维能力，体验数学的重要性和趣味性。

（2）通过幼儿思维能力训练课增强幼儿学习的专注力，提升幼儿运用数学知识解决问题的能力，锻炼幼儿的逻辑思维能力，提升幼儿的空间想象能力。

（3）运用蒙氏教学理论，结合手工、绘画、活动设计、幼儿口语，设计制作教具，完成教学设计、教学展示。

（二）提升要求

（1）考虑幼儿的心理特点，结合生活实际，从教具的颜色、卡通形象的加入、有趣故事的融入等方面提升教具的趣味性和实用性，提升课堂效果。

（2）教师要主动学习思维能力训练方面的最新知识，并将其带入课堂。

（3）在幼儿数学教学过程中，本着提升课堂效果的目的，教师可以适当扩充教学目标。

二、任务准备

（1）教师指定分组或学生们自由组合（4人一组为宜）。

（2）教师结合示例教具进行讲解，启发学生的制作思路。

（3）学生以组为单位对教师讲解的示例教具进行研讨，充分了解每个示例教具的制作思路和创新点，并查找相关资料，确定本组的教具制作方案（教具制作方案表附后）。

（4）学生准备教具制作材料（太空泥、卡纸、硬纸板、彩笔、剪刀、胶水等）。

三、任务实施

（一）制作教具

各组学生填写教具制作方案表，并根据教具制作方案表选择适合本组的材料进行制作。

（二）教学设计

结合制作好的教具，各组学生完善教学活动设计方案（教学活动设计方案表附后）。

（三）教学展示

以小组为单位，根据教学活动设计方案表，一位学生扮演教师（根据教学活动设计，可以有助教等角色），其他学生扮演幼儿，运用制作的教具完成5～10分钟的教学展示。

（四）评价反思

教师组织学生自评、小组互评，教师总结评价本节幼儿数学课的课堂效果，并提出改进意见。

四、任务实施示例

下面我们用5个详细示例为大家提供更加直观的参考素材。学生们在参考示例活动时要重点思考示例能够实现的教学目标和教具制作的创新点，以便为本组教具制作方案、教学活动的设计提供思路。

示例一

1. **活动名称**

大班数学活动："跟小老虎学拼图"。

小组成员：A、B、C。

分工：A负责绘制和剪裁，B负责粘贴材料，C负责整体装饰。

2. **活动目标**

① 锻炼幼儿的专注力，提升幼儿的识图能力。

② 利用有趣的故事导入教具教学，增强幼儿学习的兴趣。

③ 通过对比观察图片，培养幼儿的耐心与细心。

3. **活动准备**

（1）知识准备

① 牢固掌握本章第一节、第二节的内容。

② 寻找合适的故事，可以利用原有故事进行适当改编。

③ 学习一些英语词汇，课堂中可以适当增加英语单词的学习，如老虎的单词"tiger"。

（2）物质准备

① 准备素描纸、彩铅、勾线笔、胶棒、剪刀等。

② 取两张相同大小的素描纸，分别用彩铅绘制出相同的图案。

③ 将其中一张画好图案的纸用剪刀剪裁分成6等份。

④ 取一张空白素描纸，将剪下的纸打乱顺序用胶棒粘贴，并用勾线笔编号，制作完成。

制作好的"跟小老虎学拼图"教具如图9-1所示。

图9-1　制作好的"跟小老虎学拼图"教具

4．活动过程

（1）新课导入

教师："小朋友们，今天我们来讲述二十四节气中大暑的故事。小朋友们要仔细听，接下来老师可是有任务要交给大家来完成的！"教师打开没有剪裁的图案，向幼儿展示。

（2）示范玩法

教师："小朋友们，我们看这幅图，大暑节气的时候，小兔子和小老虎在荷花池中玩得好开心，这边还有一张图，可惜破损了，我们来帮助小兔子和小老虎把图拼完整吧。"

教师出示完整图案及裁剪好的图案，先由幼儿进行对比观察，再给幼儿讲解对应的编号。

教师对照完整图案，示范找到第一张图片④，并重新给图片编号为①，然后引导幼儿观察每张图片的细节，依序找到剩下的图片并依次编号，将其拼成完整的图片；再由幼儿延续故事内容，发挥想象力，讲述下面的故事。

（3）游戏竞技

教师将图片的编号打乱，让幼儿分组进行比赛，比一比哪组先完成。

（4）总结回顾

教师总结本节课所涉及的知识，并进行要点讲解。教师摆放错误数字次序的图片，引导幼儿发现错误并进行改正，加深幼儿的印象。

图9-2所示为小组成员在进行"跟小老虎学拼图"教学展示。

5．活动延伸

教师引导幼儿画一幅自己喜欢的画，并帮助幼儿裁剪；由幼儿给图片排序，锻炼幼儿的想象能力和动手能力。教师要具体根据幼儿年龄段的不同，选取难度适合的图片。例如，对于低龄幼儿，教师可以画很简单的画，将画分成两部分或三部分，让幼儿进行拼接操作。

图9-2　小组成员在进行"跟小老虎学拼图"教学展示

6. 活动评价

教师利用看一看、讲一讲、比一比，提高了幼儿的课堂参与度，充分锻炼了幼儿的专注力、空间想象能力及语言表达能力，培养了幼儿对数学学习的兴趣，打造了以幼儿为主体的课堂。

7. 教具制作的反思改进

教具采用素描纸制作，平整度有待提升。图案的内容结合二十四节气，部分幼儿对这部分内容不太熟悉，选用幼儿熟悉的动画人物会更容易调动幼儿学习的积极性。

示例二

1. 活动名称

大班数学活动："好玩的跷跷板"。

小组成员：A、B。

分工：A负责解说，B负责制作教具。

2. 活动目标

① 锻炼幼儿的观察能力，培养幼儿的数字运算能力。

② 利用游戏导入教具教学，增强幼儿数字学习的兴趣。

③ 通过游戏比赛培养幼儿的竞争意识和发散思维能力。

3. 活动准备

（1）知识准备

① 牢固掌握本章第一节、第二节的内容。

② 系统规划活动中的游戏步骤，将可能的路径全部提前分析到位。

（2）物质准备

① 准备硬纸板、彩色复印纸、太空泥、双面胶、胶带、剪刀、记号笔、木棍等。

② 用硬纸板剪一个大的长方形，再剪两个小的长方形，用彩色复印纸进行装饰后用胶带、双面胶粘好，插一根木棍，跷跷板制作完成。

③ 用蓝色的太空泥捏两个正方体和两个球体，再捏两个圆柱体并用剪刀剪出胳膊和腿，固定身体各部位，小人制作完成。

④ 捏一个圆柱体和一个小的圆柱体做手提包，用记号笔画出手提包的样式，手提包制作完成。

⑤ 捏两个正方体和四个小圆柱体做书包，用记号笔画上书包的样式，书包制作完成。

⑥ 捏三个大小不相等的长方体和六个大小不相等的圆柱体做衣服，并进行固定，用记号笔画上衣服的样式，衣服制作完成。

制作好的"好玩的跷跷板"教具如图9-3所示。

图9-3 制作好的"好玩的跷跷板"教具

4. 活动过程

（1）新课导入

教师："小朋友们，今天老师给大家带来了一个玩具，大家认不认识这个玩具？（稍等片刻，请小朋友回答）对！这是一个跷跷板，这个应该怎么玩啊？谁想来试一试？"教师引导两个小朋友来体验玩跷跷板。

（2）示范玩法

教师："小朋友们玩跷跷板这么开心，可是老师有个麻烦需要大家来帮我解决。"教师展示课前制作的多媒体课件并讲解："今天小方和小圆也来玩跷跷板，他们本来体重相等，可是今天小方穿了一件2kg的羽绒服，还背了一个4kg的书包，要想使跷跷板平衡，小圆应该穿哪件衣服，背哪个书包呢？"

教师提出问题："小方增加的质量是多少呢？"教师引导幼儿计算小方增加的质量为6kg，然后由幼儿尝试计算小圆需要增加的质量。经过计算，幼儿得出小圆应该穿5kg的上衣，背1kg的书包，才能让跷跷板平衡。

（3）游戏竞技

教师将小方衣服、书包的质量调整为8kg，让幼儿进行比赛，比一比谁先找到适合小圆的衣服和书包，谁发现的搭配更多。

（4）总结回顾

教师总结本节课所涉及的知识，并展示一组错误的配对，让幼儿观察。观察后，教师引导幼儿指出错误并进行改正，加深幼儿的印象。

图9-4所示为小组成员在进行"好玩的跷跷板"教学展示。

图9-4 小组成员在进行"好玩的跷跷板"教学展示

5. 活动延伸

教师引导幼儿尝试搬动手边的物体，让幼儿产生"轻重"意识。教师让幼儿尝试拿取0.5kg、1kg的物体，让幼儿对0.5kg、1kg质量有大体的概念。

6. 活动评价

教师利用玩一玩、比一比提高了幼儿的课堂参与度，充分锻炼了幼儿的数字运算能力，提升了幼儿的观察能力。游戏竞技环节增强了幼儿的竞争意识，锻炼了幼儿的发散思维能力。

7. 教具制作的反思改进

教具的质量和要求的质量不相符，加上教具制作的误差，难以达到让跷跷板平衡的目的，教具制作的精确度需要改进。教具的种类不多，可以再添加些水果、糖果等幼儿感兴趣的物体。

示例三

1. 活动名称

大班数学活动："火柴变形记"。

小组成员：A、B。

分工：A负责裁剪，B负责用太空泥制作并粘贴教具。

2. 活动目标

① 通过几何图形的搭建，加强幼儿思维能力训练。

② 利用游戏导入教具的使用，增强幼儿学习数学的兴趣。

③ 利用比赛培养幼儿的竞争意识和发散思维能力。

3. 活动准备

（1）知识准备

① 牢固掌握本章第一节、第二节的内容。

② 学习平面几何知识，建立完整的平面图形知识体系。

（2）物质准备

① 准备两双一次性筷子、剪刀、硬纸板、绿色太空泥等。

② 将硬纸板剪成一个正方形。

③ 将筷子截成一节一节等长的小木条。

④ 将太空泥粘在每节小木条上，捏成水滴状，做成火柴。

⑤ 将8根火柴拼成正方形后粘在硬纸板上，剩余4根火柴备用，制作完成。

制作好的"火柴变形记"教具如图9-5所示。

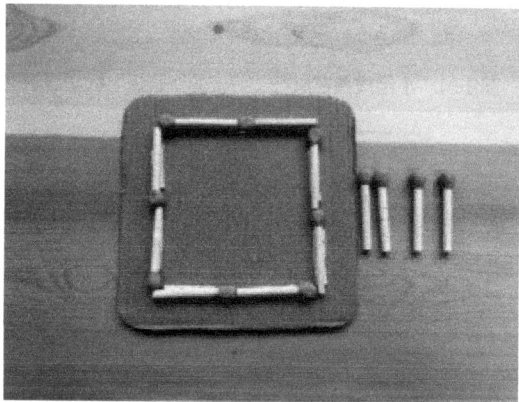

图9-5 制作好的"火柴变形记"教具

4. 活动过程

（1）新课导入

教师在黑板上逐一画出圆形、三角形、正方形等图案，带领幼儿进行平面图形基础知识复习。

（2）示范玩法

教师："小朋友们，我们将8根火柴排成1个正方形后，这边还剩下4根，怎么添加这4根，将1个正方形变成5个正方形呢？让我们来试一下！"

教师演示放置2根火柴，放置时要将火柴首尾相连，不要重复放。然后用手指点数出有几个正方形，之后让幼儿自己尝试放置，并数出有几个正方形。最后，将4根火柴呈十字形放置于图形内，可以将图形变成5个正方形。

（3）游戏竞技

教师将12根火柴打乱，让幼儿进行比赛，比一比谁变成的正方形多、谁变成的长方形多。

（4）总结回顾

教师对课堂表现优秀的幼儿提出表扬，将其树立为学习榜样，并对全体幼儿进行鼓励。教师总结展示变得最多的幼儿的图形摆放方式，并解释如何让图形变得更多。

图9-6所示为小组成员在进行"火柴变形记"教学展示。

图9-6　小组成员在进行"火柴变形记"教学展示

5. 活动延伸

教师为每名幼儿分发6根火柴，让幼儿发挥想象力，看谁拼出来的图形多。教师挑选3名幼儿进行分享，以此来培养幼儿的观察能力、想象能力和表达能力。

6. 活动评价

本次活动利用游戏导入课堂，加深了幼儿对正方形的认识，教学过程中锻炼了幼儿的空间几何想象能力和动手能力。游戏竞技环节增强了幼儿的竞争意识，锻炼了幼儿的发散思维能力和创新能力。

7. 教具制作的反思改进

教具材料较为简单，教具形式单一且使用寿命短。火柴数量有限，不利于幼儿发挥。教师可以增加教具的数量和色彩，以此增强教具对幼儿的吸引力。

示例四

1. 活动名称

大班数学活动："趣味方块"。

小组成员：A、B、C、D。

分工：A负责制作硬纸板配饰并进行装饰；B负责画图纸；C、D负责捏正方体和骰子等。

2．活动目标

① 通过搭建正方体，锻炼幼儿的空间想象能力，加强幼儿思维能力训练。

② 在估一估、数一数的过程中发展幼儿的"数感"，增强幼儿学习数学的兴趣。

③ 让幼儿合作完成任务，培养合作意识。

3．活动准备

（1）知识准备

① 牢固掌握本章第一节、第二节的内容。

② 学习立体几何知识，建立完整的立体图形知识体系。

（2）物质准备

① 准备纸箱、太空泥、勾线笔、硬纸板、花杆等。

② 用太空泥做出配饰，如蘑菇房子、小草、小花等，对硬纸板进行装饰。

③ 用蓝色、紫色的太空泥捏出需要的正方体和骰子，将骰子放入纸箱。

④ 将花杆插入蓝色正方体并摆放在硬纸板上。

⑤ 用勾线笔画出正方体堆积的图纸，制作完成。

制作好的"趣味方块"教具如图9-7所示。

图9-7　制作好的"趣味方块"教具

4．活动过程

（1）新课导入

教师："小朋友，看老师带来了什么玩具？对！这个叫骰子。下面我们来玩一个游戏，请一名小朋友掷骰子，其他小朋友根据骰子的点数回答问题。"（点数1：正方体有几个面？点数2：正方体的六个面一样大吗？点数3：生活中有哪些正方体的东西？点数4：生活中有哪些正方形的东西？点数5：正方体的六个面是什么图形？点数6：再掷一次骰子。以上问题需要教师带领幼儿一起提出然后回答。）

（2）示范玩法

教师出示图纸，并提出问题："两张图纸中的物体，分别是由几个正方体摆成的？"教师引导幼儿数数，记录下数的结果，然后利用教具摆出相同图形，让幼儿数一数使用了几个正方体，对比两次数的结果是否一样。如果不一样，教师总结结果不同的原因，如有些正方体被遮挡住了，幼儿看不到。

（3）游戏竞技

利用现有的教具，指定一张图纸，让幼儿自己搭建，比一比谁最先搭建完成。

（4）总结回顾

教师总结平面图形和立体图形的相关知识，并进行对比，使幼儿能够区分二者。

图9-8所示为小组成员在进行"趣味方块"教学展示。

图9-8　小组成员在进行"趣味方块"教学展示

5. 活动延伸

教师摆放出一个大的正方体，然后从中拿走2～3个小正方体，让幼儿观察还剩下几个小正方体。教师注意引导幼儿发现被遮挡住的正方体，从而锻炼幼儿的观察能力和空间想象能力。

6. 活动评价

本次活动在新课导入时利用掷骰子的游戏，教授了幼儿正方体的相关知识。教学过程中让幼儿动手搭建立体图形，锻炼了幼儿的空间想象能力。游戏竞技的环节增强了幼儿的竞争意识，加强了幼儿的思维能力训练。

7. 教具制作的反思改进

教具中部分花杆不牢固，且花杆较竖硬，实际教学中可以利用软塑料等材料代替。正方体形状不太规则，这主要受限于太空泥本身的性质，教师需要寻找更合适的材料。

示例五

1. 活动名称

大班数学活动："智慧树"。

小组成员：A、B、C、D、E。

分工：A负责制作底板，B、C负责制作松树，D、E负责制作其他卡通形象和纸篮。

2. 活动目标

① 锻炼幼儿的逻辑思维能力，使幼儿学会简单的加减法运算。

② 锻炼幼儿的创新思维能力和发散思维能力，培养幼儿的环保意识。

3. 活动准备

（1）知识准备

① 牢固掌握本章第一节、第二节的内容。

② 学习环保相关知识，如垃圾分类等知识。

③ 准备儿歌《植树节》，了解植树节相关知识。

（2）物质准备

① 准备卡纸、太空泥、剪刀、双面胶、彩纸等。

② 用剪刀将彩纸剪成正方形并用双面胶粘在卡纸上，做成底板。

③ 将太空泥捏成圆锥和圆柱的形状，并将圆锥粘在圆柱上方。

④ 用剪刀在圆锥上剪出刺，做成几棵松树。

⑤ 使用太空泥捏出其他卡通形象，用于装饰。

⑥ 用卡纸折出纸篮，可以将松树放入纸篮，制作完成。

制作好的"智慧树"教具如图9-9所示。

图9-9　制作好的"智慧树"教具

4. 活动过程

（1）新课导入

教师："暖和的春天来了，让我们来做环保卫士，一起去湖边植树吧！大家一起来唱《植树节》！"教师和小朋友一起唱儿歌。

（2）示范玩法

教师讲解教具，问幼儿一共有10棵松树，在湖的四边每边需种植3棵，应该怎么种树。教师拿起3棵松树，放在湖的一边，引导幼儿点数1棵、2棵、3棵，然后让幼儿拿起松树摆放在湖的其他边上。教师引导幼儿发现少了2棵松树，并让幼儿通过动手操作发现需要将其中2棵松树放置在湖的边角上。

（3）游戏竞技

教师设定一定的形状，让幼儿摆放一定数量的松树，比一比谁先完成。

（4）总结回顾

教师带领幼儿唱《植树节》歌曲，并重复展示课堂上松树的摆放过程，加深幼儿的印象。

图9-10所示为小组成员在进行"智慧树"教学展示。

图9-10　小组成员在进行"智慧树"教学展示

5. 活动延伸

教师给幼儿讲述植树节的相关知识及大树的重要作用，培养幼儿的环保意识。

6. 活动评价

本次活动使用儿歌进行新课导入，活泼有趣。教学过程中幼儿通过拿取实物，锻炼了动手能力。本次活动采用自主探究学习的方式，锻炼了幼儿的逻辑思维能力和创新思维能力。游戏竞技环节增加了教学的难度，培养了幼儿深入思考的能力。

7. 教具制作的反思改进

教具颜色鲜亮、造型可爱，能够吸引幼儿的注意力，并调动幼儿练习的兴趣，但是教具底板不够平整，且松树的底盘较小，放置后容易歪倒。另外，教具种类不多，可以再添加些水果、糖果等幼儿感兴趣的教具，并逐渐增加练习的难度。

部分学生在课堂上的教具作品及教学展示如图9-11～图9-15所示，供大家参考。

图9-11　欢乐游乐园

图9-12　找相同

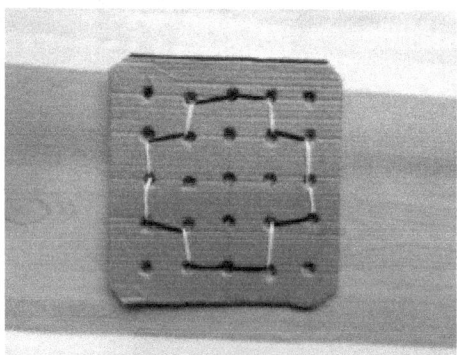

图9-13　绳子穿穿穿

图9-14　红苹果

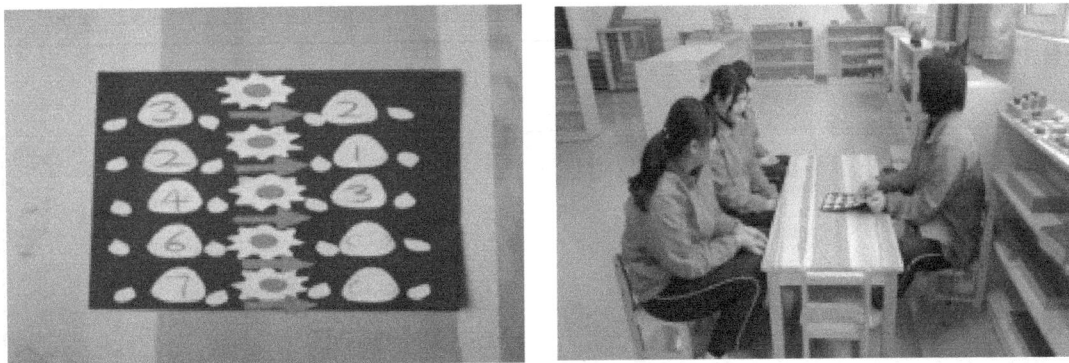

图9-15 小太阳和小水滴

课后思考

1. 你掌握了几种幼儿思维能力训练的方法？思考一下，还有其他方法吗？
2. 你觉得最有创意的是哪组教具，为什么？

教具制作方案表

课本章节				
理论知识准备	【教师讲授】			
	【自主探索学习】			
要实现的教学目标				
教具名称				
小组成员				
成员分工				

续表

教具制作所需材料	
制作过程	
教具创新点	
课后反思	

教学活动设计方案表

活动名称	
角色扮演分配	教师： 幼儿：
活动目标	
活动准备	
活动过程	
活动延伸	
活动评价	
活动创新点	

第十章
硬笔书法和粉笔字

人们常说："字如其人，见字如面。"一手好看的字会给人留下深刻的印象。练习硬笔书法有利于培养学生严肃认真的学习态度，并利于学生的身心发展；练习硬笔书法也是学生增长知识、陶冶情操、净化心灵、提升审美能力和创造能力的重要途径；练习硬笔书法，更是在弘扬民族的传统文化。总之，练好硬笔书法有助于我们的工作、学习与生活。近年来，书法教学不仅为小学、中学乃至大专院校所重视，还得到整个社会的重视，即将成为教师的我们更应该提高对书法的重视程度。

学习目标

1. 了解硬笔书法和粉笔字的书写要求。
2. 能够书写规范的硬笔字和粉笔字。
3. 掌握如何教授幼儿书写数字。

第一节　硬笔书法

书法即"书写的方法"，包括执笔、用笔、点画、结构、分布等方法。

硬笔书法是艺术性和实用性的有机结合，属于教师的基本技能。硬笔书法的书写工具包括钢笔、中性笔、美工笔、铅笔、粉笔等，具有携带方便、书写快捷、使用范围广等特点。

一、硬笔书法的写字姿势

写字姿势非常重要。正确的写字姿势不仅能保证书写自如，充分发挥书写技能，提高书写水平，而且有利于青少年身体的正常发育，预防近视、脊椎弯曲等疾病，有益健康。这也是写字的基本要求。有些书写者虽有写钢笔字的基础，但写字姿势还不够准确，必须注意纠正。

正确的写字姿势是身直、头正、臂开、足开，即身坐端正，两肩摆平，腰背自然伸直并略向前倾，胸口离桌沿一拳左右；头部微向前倾，眼睛与纸面的距离应保持0.3m左右；两臂自然向左右张开，小臂平放在桌面上，左手按纸，右手握笔，使笔杆略斜偏向右侧，而不是在鼻梁正前方，但笔尖落在鼻梁正前方；两脚自然平放在地上，与肩同宽，如图10-1所示。

图10-1　正确的写字姿势

二、硬笔书法的执笔方法

正确的执笔方法是拇指、食指、中指分别从3个方向合力捏住笔杆下端，即拇指、食指从笔杆的前部夹住笔杆，食指稍前伸，而中指以指甲的上后侧抵住笔杆的后方；食指指尖距离笔尖约2.5cm，指尖低于拇指、中指；无名指和小指依次自然向手心弯曲，紧靠中指下方，对中指运笔起协调作用；笔杆上端斜靠在食指根部，向右后方倾斜，笔尖和纸面呈40°～50°；执笔要做到"指实掌虚"，就是手指握笔要实，掌心要空，空若蛋形，这样书写时才能灵活运笔，改善书写效果，如图10-2所示。

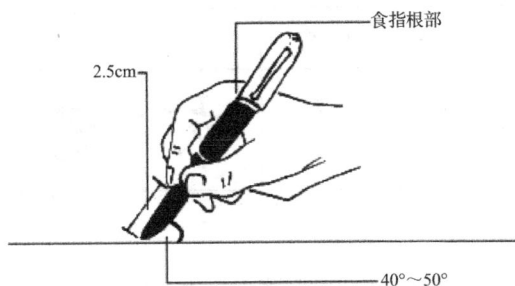

图10-2　正确的执笔方法

三、楷书理论概述

汉字是由多种笔画组成的，书写者先掌握基本笔画，熟悉间架结构，再了解章法布局，进而掌握写字的步骤，抓住规律才能事半功倍。

（一）点

点对于一个字而言就如同人的眼睛一样重要，是书写一个字的关键。点有右点、左点、竖点、长点和撇点之分。

1. 右点

书写时轻下笔，由轻到重向右下行笔，稍顿笔后即收笔，不能重描，一次成画。书写右点关键要有行笔过程，万不可笔尖一着纸就收笔。

笔画	起笔	行笔	收笔	字例			
⟍	⟍	⟍	⟍	主	义	六	文

2. 左点

写法基本同右点，但行笔方向为左下，收笔时要顿笔。

笔画	起笔	行笔	收笔	字例			
丿	'	'	'	小	怕	安	农

3. 竖点

竖点实际上是右点的变形，当点在字头居中出现时，人们习惯将点的收笔处与下面的笔画连接起来。因此，竖点的形态比较直。

笔画	起笔	行笔	收笔	字例			
╮	ᐟ	ᐟ	╷	京	定	空	室

4. 长点

长点是在右点的基础上变长得来，行笔速度应慢一些。

笔画	起笔	行笔	收笔	字例			
╲	ᐠ	─	─	以	头	不	食

5. 撇点

下笔向左下写撇，不出尖，顿笔后折向右下写长点，收笔较重。注意上部撇和下部长点的角度要恰当。

笔画	起笔	行笔	收笔	字例			
㇛	ノ	ᐟ	㇛	女	始	如	好

（二）横

横要写平稳，因为横在一个字中起平衡作用。横不平，则字不稳。横有长、短写法，书写时下笔稍轻，行笔向右由轻到重，收笔时略顿笔。由于人的视觉错觉，横不能写成水平状，而应左低右高，收笔时顿笔，使笔画变重些，这样看起来才显得平稳。所以，人们常说的"横平竖直"，不是指横要水平书写，而是要求看上去平稳。

1. 长横

下笔时轻顿一下，然后顺势向右轻快行笔，至末端再向右下顿笔，并回锋收笔。

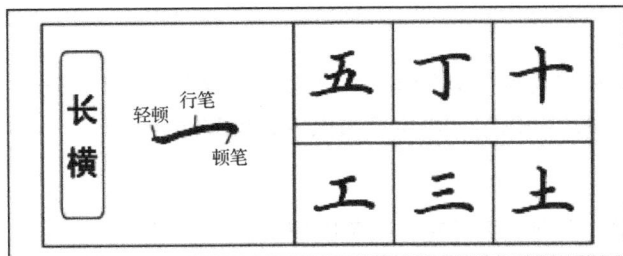

长横	轻顿 行笔 顿笔	五	丁	十
		工	三	土

2. 短横

轻下笔，由轻到重向右行笔，大约写到长横的一半时停笔即收。笔画稍向右上仰。

笔画	起笔	行笔	收笔	字例			
一	╮	一	一	一	三	二	王

（三）竖

竖要写垂直，因为竖在一个字中往往起着关键的支撑作用。竖不直，则字不正。竖有垂露竖、悬针竖和短竖之分。

1. 垂露竖

下笔稍重，行笔较轻、垂直向下，收笔稍重。

笔画	起笔	行笔	收笔	字例			
|	丶	|	|	个	川	书	开

2. 悬针竖

写法同垂露竖，只是收笔时由重到轻，出锋收笔，笔画出尖。

笔画	起笔	行笔	收笔	字例			
|	丶	|	|	十	平	丰	半

3. 短竖

写法同垂露竖，只是笔画较短。短竖要写得短粗有力。

笔画	起笔	行笔	收笔	字例			
|	丶	丶	丶	口	旧	土	士

（四）撇

撇在一个字中很有装饰性，如能写得自然舒展，会增加字的美感。撇有时还与捺相对称，起着平衡和稳定重心的作用。撇主要有以下几种写法。

1. 斜撇

下笔稍重，由重到轻向左下行笔，收笔时出尖。

笔画	起笔	行笔	收笔	字例			
ノ	丶	ノ	ノ	人	八	入	友

2. 竖撇

下笔稍重，由重到轻向下行笔，行至2/3处，向左下撇出，收笔时出尖。

笔画	起笔	行笔	收笔	字例			
ノ	丶	｜	ノ	月	用	舟	风

3. 短撇

写法同斜撇，只是笔画较短。短撇在字头出现时，笔画形态较平，如"反、后、丢"等字；短撇在字的左上部位出现时，笔画形态较斜，如"生、禾、失、朱"等字。

笔画	起笔	行笔	收笔	字例			
ノ	丶	ノ	ノ	生	禾	失	朱

4. 横撇

下笔写短横，略顿笔后向左下写撇。注意短横要稍向右上斜一点，撇要出尖，一笔写成。

笔画	起笔	行笔	收笔	字例			
フ	一	一	フ	又	水	永	承

5. 横折折撇

下笔写短横，略顿笔折向左下写短撇，短撇不出尖，不要写太长，再折向右写一小短横，最后折向左下撇出，写出尖。

笔画	起笔	行笔	收笔	字例			
㇈	一	㇏	㇈	及	延	廷	建

6. 竖折撇

下笔写斜竖，略顿笔后折向右写短横，再顿笔向左下撇出，写出尖。

笔画	起笔	行笔	收笔	字例			
ㄈ	丨	ㄴ	ㄈ	专	传	砖	转

（五）捺

捺粗细分明，书写难度较大。捺有斜捺和平捺之分。

1. 斜捺

下笔较轻，向右下由轻到重行笔，行至捺脚处重顿笔，然后向右水平方向由重到轻提笔拖出，收笔要出尖。

笔画	起笔	行笔	收笔	字例			
㇏	丶	㇏	㇏	大	夫	火	木

2. 平捺

写法同斜捺，但下笔时先写一小短横，然后再向右下（略平一些）方向行笔。

笔画	起笔	行笔	收笔	字例			
㇟	㇟	㇟	㇟	之	边	达	近

（六）提

提的写法分为横提、竖提、横折提。

1. 横提

下笔较重，由重到轻向右上行笔，收笔要出尖。

笔画	起笔	行笔	收笔	字例			
⼂	⼂	⼀	⼀	江	地	级	虫

2. 竖提

下笔写竖，到适当处略顿笔后向右上斜提。一笔写成，提的收笔处出尖。

笔画	起笔	行笔	收笔	字例			
⼃	⼁	⼁	⼃	长	民	良	衣

3. 横折提

下笔写短横，顿笔折向下写竖，再顿笔向右上写斜提。注意提要写得短一些、斜一些，收笔要出尖。

笔画	起笔	行笔	收笔	字例			
⼇	⼀	⼇	⼇	说	语	词	诗

（七）折

折的写法分为横折、竖折、撇折、横折弯4种。

1. 横折

下笔从左到右写横，在折处稍顿笔再折笔向下写竖。注意横要平、竖要直，折要一笔写成，中间不可断。折处不能写成"尖角"，也不能顿笔过大，形成"两个角"。

笔画	起笔	行笔	收笔	字例			
⼇	⼀	⼀	⼇	日	只	回	田

2. 竖折

下笔写竖（有长、短之分），顿笔后向右写横，收笔较重。注意竖要直、横要平，一笔写成。

笔画	起笔	行笔	收笔	字例			
∟	|	\	∟	山	凶	画	区

3. 撇折

先下笔写短撇，顿笔后折向右上写提。注意折处要顿笔，收笔要出尖。

笔画	起笔	行笔	收笔	字例			
ㄥ	丶	ノ	ㄥ	去	云	参	私

4. 横折弯

下笔写短横，略顿笔后折向下写短竖，再圆转向右写短横，收笔较重。

笔画	起笔	行笔	收笔	字例			
乙	一	乛	乙	铅	船	设	没

（八）钩

钩的写法较多，主要讲以下10种。

1. 竖钩

下笔写竖到起钩处，稍停后向左上钩出，收笔要出尖。钩的尖角约为45°，出钩的部分要短一些。

笔画	起笔	行笔	收笔	字例			
亅	丶	亅	亅	小	水	寸	示

2. 弧弯钩

下笔稍轻，由轻到重向右下呈弧状行笔，到起钩处略顿笔再向左上钩出，收笔要出尖。书写时下笔处和起钩处上下应在一条垂直线上。

笔画	起笔	行笔	收笔	字例			
)	、	)	)	了	子	手	象

3. 戈钩

下笔稍重，向右下呈弧状行笔，到起钩处向上钩出，收笔要出尖。写戈钩的关键是要保持一定的弧度，太直、太弯都会影响整个字的美感。

笔画	起笔	行笔	收笔	字例			
㇂	、	㇂	㇂	民	氏	成	我

4. 卧钩

下笔稍轻，先由轻到重向右下行笔，再圆转向右水平方向行笔，到起钩处向左上钩出。收笔要出尖，但不宜过长。

笔画	起笔	行笔	收笔	字例			
㇃	、	㇃	㇃	心	必	志	思

5. 竖弯钩

在竖弯的基础上书写，收笔时向上方钩出，笔画比竖弯要长一些。

笔画	起笔	行笔	收笔	字例			
㇄	、	㇄	㇄	儿	元	见	也

6. 横钩

下笔向右写横，行笔至起钩处顿笔，再向左下轻快钩出。注意钩不宜太大。

笔画	起笔	行笔	收笔	字例			
㇖	一	一	㇖	皮	欠	买	卖

7. 横折弯钩

下笔写横，顿笔折向右下写竖，再圆转向右写横，到起钩处略顿笔向上钩出。注意弯处要圆转，下面的横要平、钩要小，收笔要出尖。

笔画	起笔	行笔	收笔	字例			
㇈	一	乛	㇈	九	几	凡	旭

8. 竖折折钩

下笔写短竖，顿笔折向右写横，再顿笔折向左下写竖钩。注意竖钩既不能太直，又不能太斜，钩要小，收笔要出尖。

笔画	起笔	行笔	收笔	字例			
㇉	丨	㇄	㇉	弓	马	鸟	引

9. 横撇弯钩

下笔写短横，转折处略顿笔后写短撇，接着笔尖不离纸将弧弯钩向左上钩出。

笔画	起笔	行笔	收笔	字例			
㇌	一	㇇	㇌	除	院	都	那

10. 横折折折钩

下笔写短横，右边稍高些，略顿笔折向左下写短撇，不要写出尖或写太长，再折向右写短横，最后折向左下写弧弯钩。注意最后的弧弯钩要稍有弧度。

笔画	起笔	行笔	收笔	字例			
㇡	一	㇋	㇡	乃	奶	仍	扔

汉字笔画书写的运笔规律，一般是横、竖、撇的起笔较重，点、捺的起笔较轻；提和钩开始要略顿笔、稍重，而后逐渐转为轻快，收笔要出尖；所有笔画都是一笔写成的，不能重描。这些笔画在组成汉字时，有的形状会略有变化，因此在书写时要注意多观察，把笔画写准确。

四、数字的书写规范

教师在注重硬笔书法的同时，也应注意数字的规范书写。进入大班以后，幼儿开始练习书写阿拉伯数字0~10。怎样正确进行书写呢？幼儿学习书写数字，一般运用田格本。首先，教师向幼儿说明田字格的上下左右部位，强调数字要写满左边的上下两格（也就是第一个"日"字格），但不能出格。其次，教师根据每个数字讲解书写的顺序，即从何处起笔，向什么方向运笔，如何拐弯等。最后，教师指导幼儿正确书写。教师讲解示范后，先带领幼儿做书空练习，让幼儿用右手食指跟着教师在黑板上的书写动作做书空练习，以熟悉笔顺和笔画。做完书空练习后，再请幼儿在田格本上试写两遍，然后由教师检查评议，并再一次帮助幼儿掌握书写要领。经过书空、试写等练习后，幼儿开始正确练习写数字。

数字的书写在幼儿受教育的过程中不可忽视，因此书写规范的讲解是必不可少的。在田字格中书写数字的格式要求如表10-1所示。

表10-1　在田字格中书写数字的格式要求

数字	讲解	图示
0	"0"像鸡蛋，左边一格画一格碰上、下、左、右四边线的椭圆	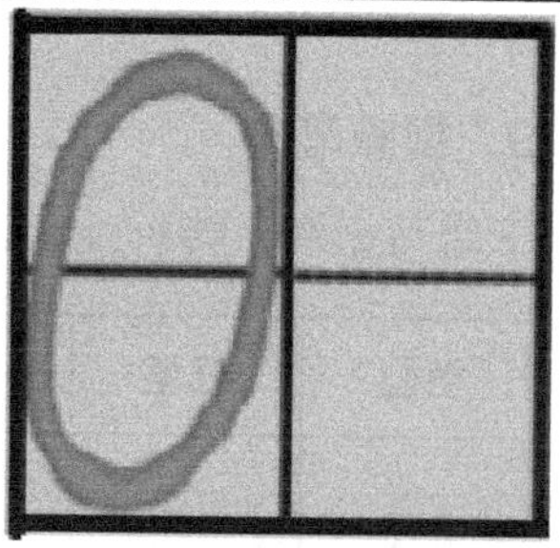
1	"1"像粉笔，从第一个日字格右上角起，画斜线到左下角附近。注意不是简单地将两角连起来	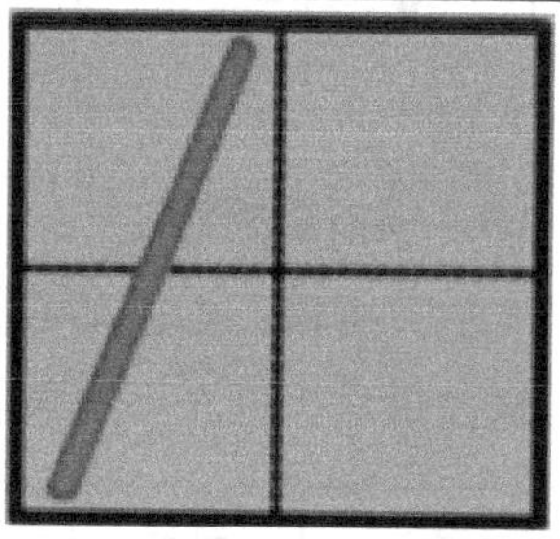
2	"2"像小鸭，起笔靠近左线，再向上（到中间位置）、向右（中间位置）靠线，略成半圆，画斜线到左下角，靠线一横。	

数字	讲解	图示
3	"3"像耳朵，起笔不碰线，向上碰线，再向右碰线，略成半圆后向中间弯，在中间横线以上转向右下方碰线，向下碰底线，最后弯向上碰线	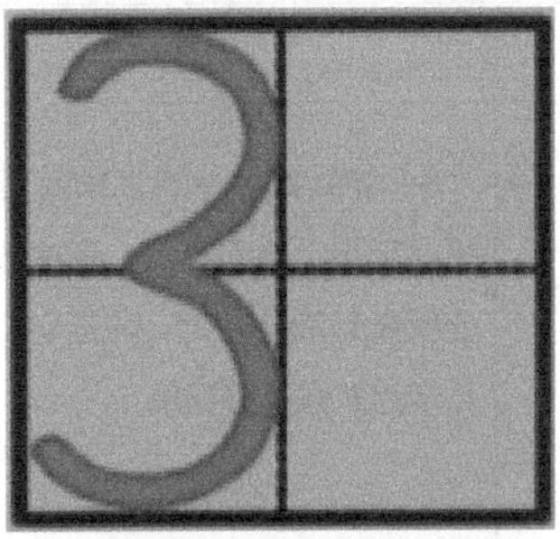
4	"4"像小旗，从上线的中间起笔，向左画斜线到下格，碰左线后再折右碰线。第二笔从右上角附近起笔，向下碰底线中间	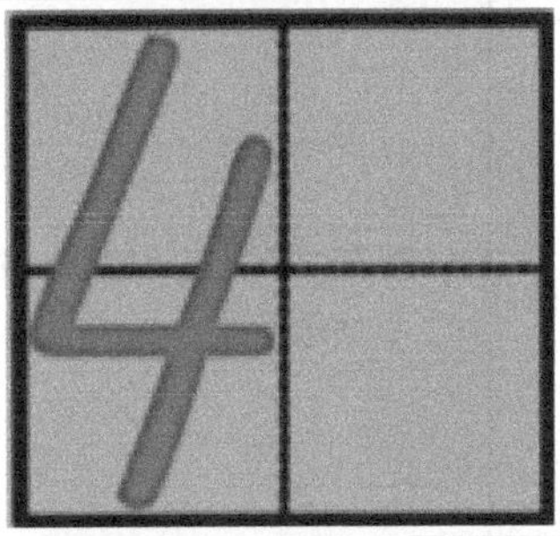
5	"5"像钩子，从接近上线中间的地方起笔，向左下到中格角，再向上超过中线，画一个大半圆并碰右线，向下、向左碰线为止。最后，在上面画一横线	
6	"6"像哨子，从上线偏右一点起，向下画一个弧形，碰左线、底线后，向右上碰右线并画成一个小圆，小圆上面超过中线	
7	"7"像锄头，从左上角到右上角画一横线，再折线向左下，到底线中间偏左的地方碰线	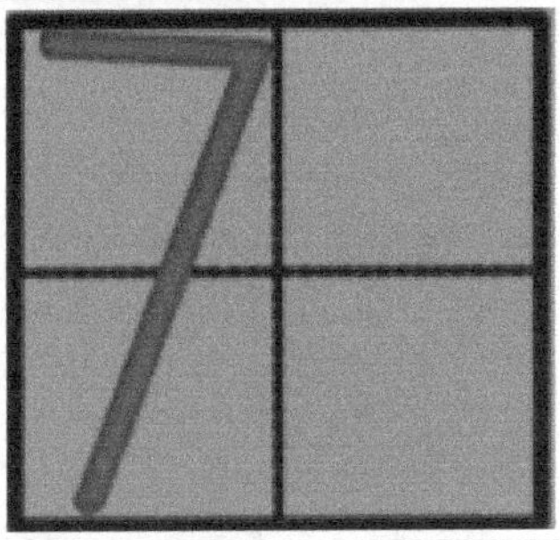

数字	讲解	图示
8	"8"像娃娃，从右上角起笔向左线画半圆，拐向右下碰右线、下线、左线，再向右上，在中线以上和原线相交；最后，到右上角附近稍离起笔处为止。注意封口，图片上留了一点小口，是为了让幼儿学的时候更好理解	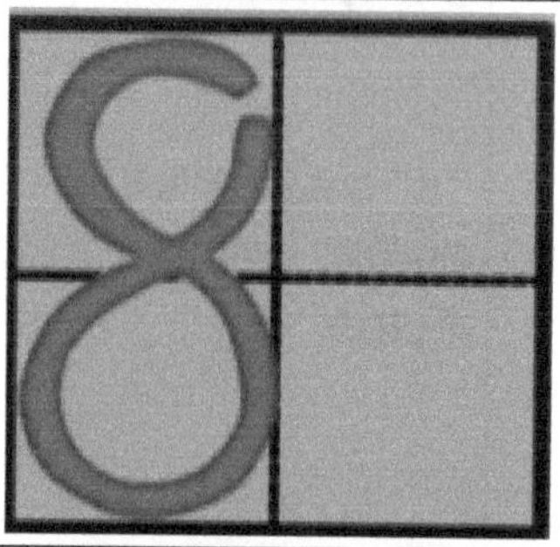
9	"9"像勺子，在上格画一个四面碰线的不完整圆，再折线向左下，到底线中间碰线。注意和"8"一样应封口	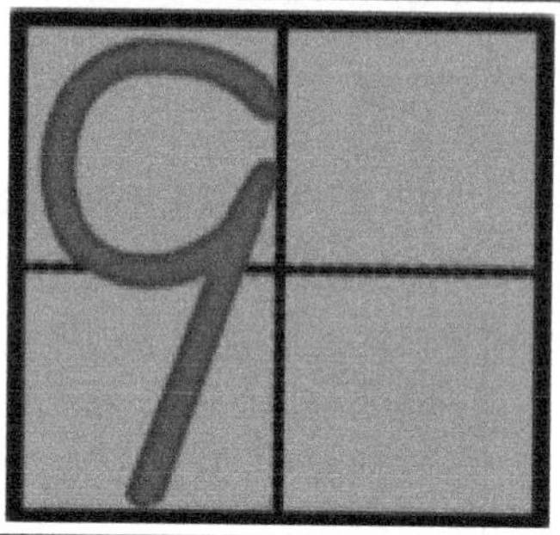
10	"10"像粉笔和鸡蛋，"10"占两格，左边一格写"1"，右边一格写"0"	

五、学生课堂练习实例

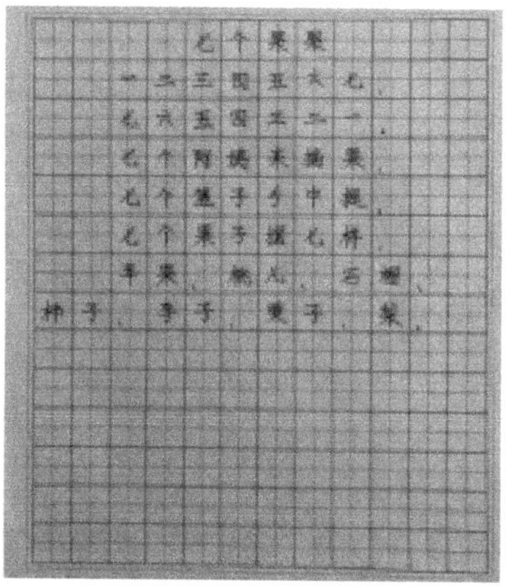

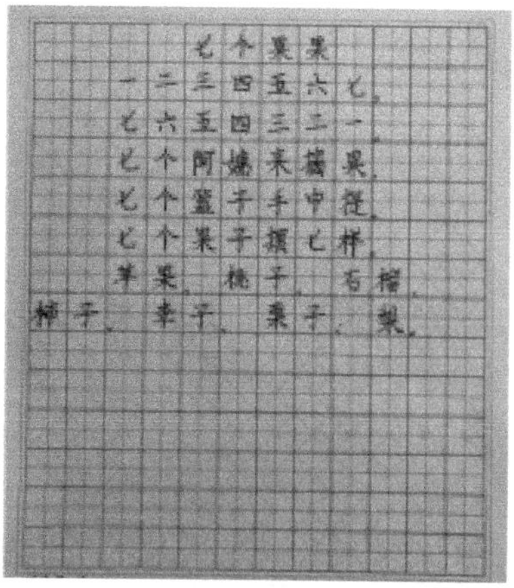

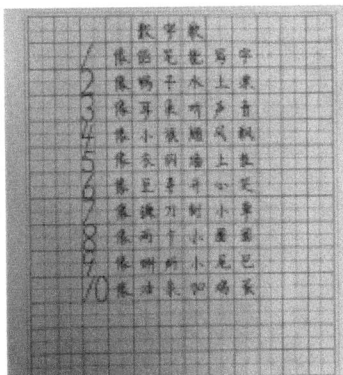

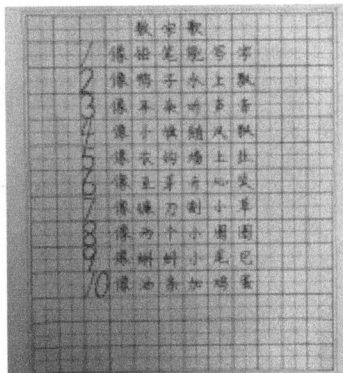

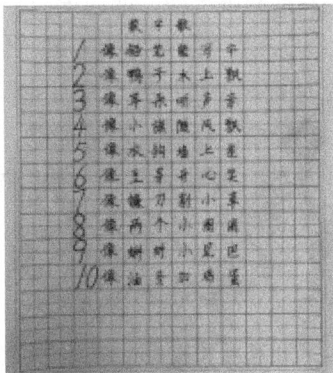

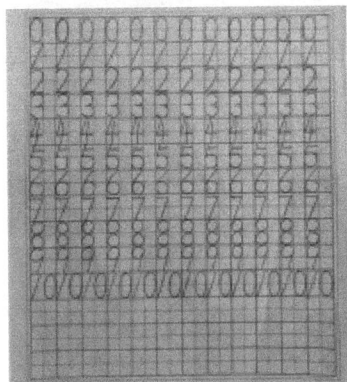

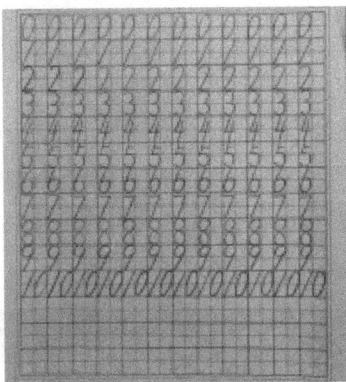

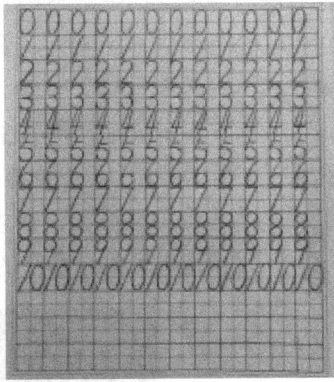

第二节　粉笔字

书写粉笔字是教师的一项基本功，是衡量教师综合素质的重要内容。

教师写一手漂亮的粉笔字，能起到提升教学效果的作用。美观的板书可以给学生美的享受，从而潜移默化地培养学生的艺术修养和鉴赏能力，培养学生严肃认真、耐心细致的学习态度。

一、粉笔字概述

3～5岁的幼儿正处于学习习惯养成的关键期，规范的书写对幼儿来说非常重要。所以，写一手漂亮的粉笔字，已成为幼儿教师的一项基本要求。

（一）书写姿势

写粉笔字只能站在黑板前，采用"站立悬臂"的姿势书写，书写时要做到头平、身正、臂曲、足稳。

（1）头平是为了保证视线的平正，使写出的字行列整齐。随着书写高度的变化，可略有仰俯，但要注意保持头部不歪斜。

（2）身正是指身体端正不偏斜。书写者要随着书写位置的左右变动而平移，因此端正也不是僵硬呆板，而应该以自然大方、方便书写为好。

（3）臂曲是指执笔的手臂曲成直角，通常手臂举到眼的高度最便于书写。随着书写位置的上下变动，手臂弯曲的程度也要有相应的变化。左手或持书，或按黑板，或下垂，总之以轻松、自然、方便为宜。

（4）足稳是指两脚分开站立，以保持身体的平衡、稳定。随着书写高度的变化，可以踮脚或屈膝，随机应变即可。

（二）持笔方法

粉笔形体短小，质地松软，易断。由于这个特点，加上黑板摆放的特殊性，粉笔的持笔方法与毛笔、钢笔都不相同。

写粉笔字时，用拇指、食指和中指捏笔，捏笔位置贴近笔头，且三指虚握，使粉笔呈斜卧式（与板面呈45°～50°的夹角）。

粉笔字属于硬笔字类，书写时用笔要点包括：利用指力、腕力书写；书写时保持写速稳定、适当用力，写速快慢、用力大小决定笔画的大小和粗细；书写过程中适时转动粉笔，使笔头保持圆弧状，以求得线条均匀；用笔讲究提、按、行，但要求书写时用力始终保持一致，笔笔到位。粉笔的持笔方法如图10-3所示。

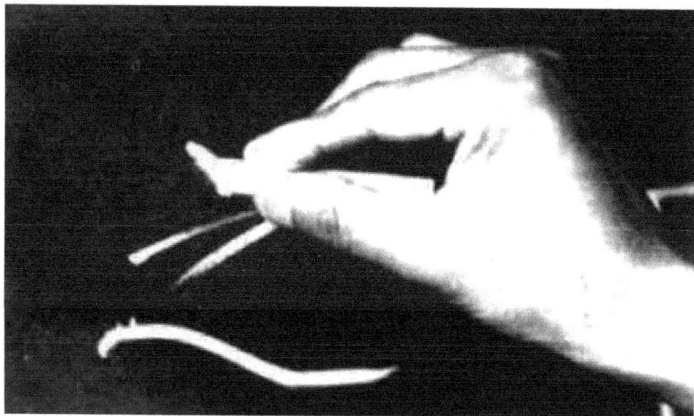

图10-3　粉笔的持笔方法

（三）练习要点

写好粉笔字不是一蹴而就的，需要前期具有硬笔书法的基本功，也需要长期练习。一般来说，写好粉笔字要遵从以下要点。

（1）书写者以楷书入手，循序渐进，由慢到快，逐渐过渡到行书。

（2）选用适合自己书写特点的钢笔或毛笔字帖作为练粉笔字的参考范本。

（3）粉笔字板书要求横成行、竖成列，切忌忽上忽下。初学时最好在黑板上画好方格格子，逐渐过渡到只画横线。

（4）初学时，先写一段粉笔字，再退到远处进行观察对比和分析研究。

（5）书写者之间经常互评，相互研讨练习并持之以恒，自然会有长足的进步。

二、板书设计

教师在注重粉笔字练习的同时，也应注意板书的设计。

板书是课堂教学的一种手段，对完成教学任务具有重要作用。板书一定要写得正确、清晰、整洁，要充分利用黑板的有效面积，做到主次分明、布局合理。

（一）板书设计的要求

一般来说，板书设计应注意以下几点要求。

（1）布局章法美。通篇设计时，教师要考虑到内容的轻重、主次、缓急、详略等，进行合理布局，做到标题醒目、内容清晰。

（2）直观性强。板书的目的之一是给学生留下深刻印象，教师可以巧用色彩或线条等元素，使板书有一定的针对性，重点突出。

（3）字体规范、美观。这是板书最基本的要求。所谓字体规范、美观，是指不写错别字，笔顺正确、工整清秀、大小合适，甚至标点符号的书写也要一丝不苟。这对培养学生的学习习惯和审美能力都有良好的影响。

（二）板书设计的基本形式

板书设计作为一门艺术，是有一定形式讲究的。板书设计的基本形式如下。

（1）习惯性板书。习惯性板书即将黑板分成几块，从上到下、从左到右地书写。

（2）对称式板书。为了比较教学内容，教师可以采用左右或上下的对称形式，以示联系与区别。

（3）表格式板书。在小结或期终总结教学时，为了凝练地归纳内容，教师可以采用表格式板书。

三、学生课堂练习实例

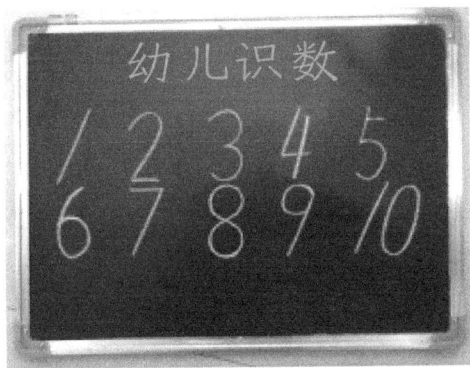

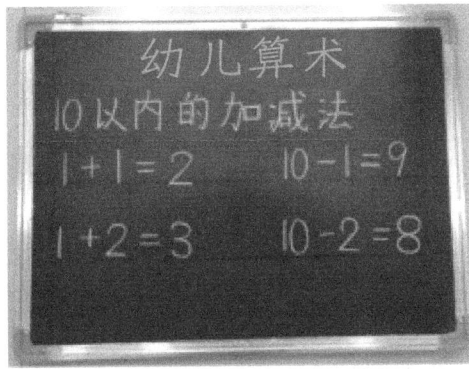

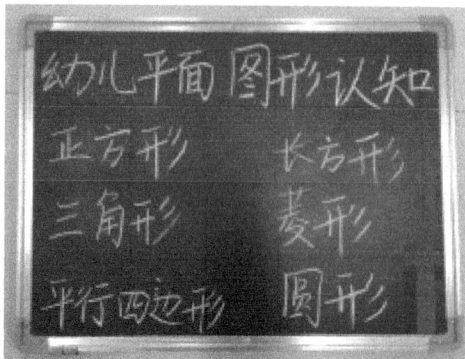

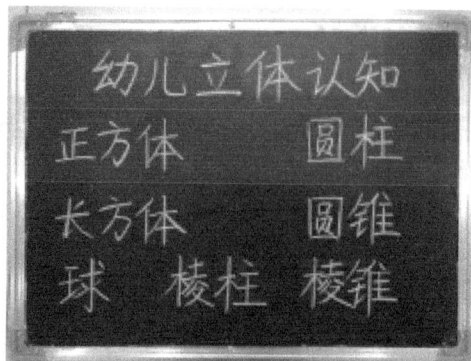

课后思考

1. 为了让板书更加美观，书写板书时需要注意哪些事项？
2. 教授幼儿书写数字时，教师需要注意什么？

学前教育专业新形态系列教材

教材服务热线：010-81055256
反馈／投稿／推荐信箱：315@ptpress.com.cn
人民邮电出版社教育服务与资源下载社区：www.ryjiaoyu.com

ISBN 978-7-115-58610-0

9 787115 586100 >

定价：46.00元